广东城市微调研报告

南方+客户端 编

南方日报出版社
NANFANG DAILY PRESS
中国·广州

## 图书在版编目（CIP）数据

21城·21问 ：广东城市微调研报告 / 南方+客户端编. —
广州 ：南方日报出版社，2023.12
ISBN 978-7-5491-2776-4

Ⅰ. ①2… Ⅱ. ①南… Ⅲ. ①城市建设－研究报告－广东
Ⅳ. ①F299.276.5

中国国家版本馆CIP数据核字(2023)第224959号

21 CHENG 21 WEN

21城·21问 ：广东城市微调研报告

编　　者：南方+客户端
出版发行：南方日报出版社
地　　址：广州市广州大道中289号
出 版 人：周山丹
出版统筹：谭亦芳
责任编辑：巫殷昕
封面设计：刘子葵　彭　晓
责任校对：阮昌汉
责任技编：王　兰
经　　销：全国新华书店
印　　刷：广州市岭美文化科技有限公司
开　　本：889㎜×1194㎜　1/32
印　　张：6.75
字　　数：150千字
版　　次：2023年12月第1版
印　　次：2023年12月第1次印刷
定　　价：50.00元

投稿热线：（020）87360640　读者热线：（020）87363865

## 【出品单位】

南方+客户端

## 【策划】

曹　斯　徐　林　陈　戈　林焕辉

## 【统筹】

胡良光　汤凯锋　谭亦芳　纪　蓓　张　哲　张西陆　殷剑锋　龚　晶
甘雪明　曲广宁　沈文金　廖奕文　陈捷生　赵　进　蒋才虎　魏金锋
张盛良　柯鸿海　罗　锐　南小渭　江　强　张培发　朱伟良　潘晓晨
杨世华　顾大炜　刘　俊　马喜生　达海军　苏仕日　唐楚生　雷贤辉

## 【话题研究员】

曹　斯　徐　林　胡良光　纪　蓓　张　哲　张西陆　陈明诗　魏伯航
洪　鑫　辜继漫　朱　丹　朱晓枫　杜玮淦　刘汉能　黄舒旻　孙梦圆
马　芳　董谦君　沈梦怡　郑淼鑫　林东云　范永敬　余　佩　唐林珍
梁时禹　汪思婷　王佳欣　罗　锐　陈欣欣　马新杰　郭文君　廖　瀚
董有逸　赵　强　陈步上　林　露　杨金凤　邹祥亮　吴　帆　刘　亮
黄剑琴　陈国飞　刘秋宜　黄敏璇　杨　可　唐楚生　张冰纯　崔洪铭

## 【海报设计】

丁薇薇　刘子葵　彭　晓　张　袒　郑炜良

## 【视频制作】

丁晓然　麦小华　陈庭辉　陈明记　黄泽伟　张瑞威　叶景雄　张　鹏
叶永康　彭　晓　卓　杰　贺大瑀　佘泽康

## 【运营宣发】

尤立川　陈庭辉　邓素凡　董晨晨　辜继漫　麦小华　蒲思伊　唐嘉欣
施心怡　叶永康　张　鹏　钟金秀　卓　杰　陈　萌　陈嘉琳

# 前言

2023年是全面贯彻落实党的二十大精神的开局之年。4月10日至13日，习近平总书记亲临广东视察并强调，广东是改革开放的排头兵、先行地、实验区，在中国式现代化建设的大局中地位重要、作用突出。要锚定强国建设、民族复兴目标，围绕高质量发展这个首要任务和构建新发展格局这个战略任务，在全面深化改革、扩大高水平对外开放、提升科技自立自强能力、建设现代化产业体系、促进城乡区域协调发展等方面继续走在全国前列，在推进中国式现代化建设中走在前列。

6月20日召开的中共广东省委十三届三次全会，围绕实现总书记赋予的使命任务，明确了“锚定一个目标，激活三大动力，奋力实现十大新突破”的“1310”具体部署，强调全省各地各部门要按照这份施工图、任务书，一锤一锤接着敲、一件一件钉实钉牢，全力把贯彻落实党的二十大精神和习近平总书记视察广东重要讲话、重要指示精神，变成广东以高质量发展为牵引推进现代化建设的具体行动和实际成效。

国家是大写的城市，城市是小写的国家。牢牢把握学习贯彻习近平新时代中国特色社会主义思想主题教育的总要求，聚焦省委“1310”具体部署、广东21个地级以上市的发展实际与重点课题，南方+客户端全力履行省委机关端的职责使命，用好调查研究这个传家宝，立足打造“广东传播主平台、全国标杆新媒体”的良好基础，组织遍布全省的近百名采编人员，深入各市，践行“四力”，依托实地采访、人物对话、文献研究等方式，策划出版《21城·21问——广东城市微调研报告》一书，以微观视角、锐度观察，为城市画像，为发展助力，为时代特写，为中国式现代化建设鼓呼。

# 21城21问

广 东 城 市 微 调 研 报 告

# 目录

CONTENTS

21城21问

南方日报

广州还有“实”力吗？
长期以来的“最强省会”，近几年接连面对“跌出一线城市”“经济失速”的质疑。“实”力，是广州发展破局的确定性，是跳出周期的硬本领。在全国城市竞争力坐标系中，且看广州实体经济如何踏上新途，破浪前行！

# 广州，还有『实』力吗？

有人说，广州变了。

长期以来的“最强省会”，近几年接连面对“跌出一线城市”“经济失速”的质疑。

也有人说，广州没变。

人山人海、车水马龙是常态，“千年商都”繁盛依旧。2023年，新加坡总理李显龙、法国总统马克龙先后到访，广交会成功举办，让广州“高光”不断。

6月初，力箭一号遥二运载火箭在酒泉卫星发射中心一飞冲天。这是“广州造”火箭的首次亮相，吸引了全球目光。

纵观城市发展进程，实力代表着前驱的动能、抗压的韧劲。广东省委2023年6月20日公布的“1310”具体部署，明确提出“要始终坚持实体经济为本、制造业当家，在建设更具国际竞争力的现代化产业体系上取得新突破”。如果来一次自我透视，广州的实力考量，更多聚集在制造业能不能当家，产业脊梁够不够硬，能否在高质量发展的赛道上领跑。

今天，在全国城市竞争力坐标系中，广州还有“实”力吗？在“标兵渐远、追兵日近”的压力下，广州还有韧劲吗？

## 广州，还行不行？

2023年第一季度数据公布时，对广州的质疑便再度袭来。

第一季度，广州地区生产总值为6963.92亿元，同比增长1.8%。

这样的增速，不仅不及全省、全国平均增速水平，在全国地区生产总值20强城市中，也处于倒数行列。

再往前看，2022年广州地区生产总值为2.88万亿元，同比增长1.0%，排名全国第五，总量已经居于北京、上海、深圳、重庆之后。

从曾经的“北上广”，到“北上深广”，再到“北上深重广”，网上不乏广州“跌出一线城市”的议论。

千年商都，闻名于世。今日广州，实力几何？什么在左右广州的经济走势？答案是实体经济，尤其是制造业。

广州第一季度不如意的数据跟第二产业的低迷有很大关系。

第一季度，广州工业生产处在承压恢复的短期阶段之中，全市规模以上工业（以下简称“规上工业”）增加值同比下降5.8%。不过，2023年3月全市工业生产形势加快改善，当月实现规上工业增加值同比增长4.5%。

工业承压的主要原因来自市场需求不足，第一季度汽车制造业增加值同比下降12%，电子产品制造业同比下降8.9%。这是广州的两大支柱产业，其短时不景气造成了全市的工业增长动力不足。

但同时可以看到的是，新能源汽车产业在2022年倍增的基础上，工业产值、产量同比分别增长71.1%和88.9%；部分新一代信息技术产品增势较好，服务机器人、工业机器人同比分别增长27.2%、14.3%。

加拿大学者瓦科拉夫·斯米尔指出：“制造业是技术进步的基本源泉，也是经济增长的原动力。”

在传统支柱产业受到需求下降、产能过剩等因素影响而下滑时，新能源汽车、新一代信息技术产品、生物医药等“新引擎”正在发动，“V型反弹”趋势已经显现。

广州国际生物岛集聚了超500家生物医药企业以及广州实验室等数十家研究院所（梁钜聪 摄）

## 换挡，新赛道在哪？

广州并不是没有发展实体经济的优势。作为华南地区工业门类最齐全的城市，这里拥有全国41个工业行业大类中的35个。

但相比而言，广州制造业当家的成色、分量还有所不足。广州市社会科学院现代产业研究所副研究员陈刚在《粤港澳大湾区视角下广州产业高质量发展问题分析》一文中指出，与深圳、东莞、佛山三市相比，制造业对广州经济发展支撑作用相对偏弱。

从细分行业上看，广州与佛山、惠州、中山、肇庆四个城市在家具制造领域具有较强趋同性，与深圳在汽车制造和电子信息设备制造方面有较强趋同性，与江门在食品制造业领域存在一定趋同性。

广州亟须一条既符合城市实际产业基础，又能创造差异性，与其他城市形成协同发展或错位发展的实体经济高质量发展路径。

在广东省社会科学院原院长王珺看来，没有一个经历了工业化的发达国家或地区是靠“旧”技术致富的，也没有一个工业发达国家是靠利用“旧”技术致富的，都是抓住了“新”技术走上致富之路的。

“先手棋”已经落子。广州市工业和信息化局副局长黄星耀透露，近几年来，广州培育打造了新能源汽车、智能装备、新型显示、人工智能、生物医药、互联网6个千亿级先进制造业集群。

换挡提速，广州在两条新赛道上的表现值得关注。

第一条新赛道，新能源汽车产业。

据统计，2022年广州汽车产量超310万辆，连续四年居全国城市之首。这意味着，全国每生产9辆车，就有1辆来自广州。

广州已形成以广汽丰田、东风日产、广汽埃安等12家整车制造企业为核心、1200多家零部件企业聚集、“专精特新”企业不断涌现的完整汽车产业链。

沉淀多年的产业基础，必须迅速找到新“锚点”，为新能源汽车业发展提供新“燃料”。

一系列动作已在布局：2023年6月1日竣工的韩国现代汽车集团氢燃料电池系统广州工厂，规划了年产6500套氢燃料电池系统的目标，打造中国首家大型氢燃料电池系统生产专门工厂；3月23日，融捷集团加大对广州的“筹码”，再度落子南沙，建设新能源智造及研发总部二期项目……

从攻克核心技术到发力整车制造，在供需两端发力下，一个预判是，发展动能接力棒，交到新能源汽车业“手”上的时刻正在来临。

第二条新赛道，新型显示产业。

5月，高规格的2023世界超高清视频产业发展大会在广州开幕，三星、索尼、夏普、康宁显示、TCL等头部显示企业都派了高管参加，凸显“广州引力”。

2022年，广州超高清显示面板产能全国第一，生产了全球近一半大尺寸OLED（有机发光半导体）电视面板。广州还在赛迪顾问发布的“2022年新型显示十大城市”中独占鳌头。

乐金显示的8.5代OLED面板、维信诺（广州）的全柔AMOLED（有源矩阵有机发光二极）模组生产线、超视堺10.5代

2023世界超高清视频产业发展大会5月8—10日在广州举行，参展企业正在展区内演示全景拍摄设备（石磊 刘力勤 摄）

TFT-LCD（薄膜晶体管液晶显示器）生产线……各类显示技术齐备，从上游原材料零部件、中游显示面板制造到下游终端应用的完整产业链已在广州形成。

TCL科技股份有限公司首席运营官王成评价，广东超高清显示产业生态日益成熟，广州相关产业链完整、终端产品具有规模优势，有望在终端产品上引领产业突破发展瓶颈。

两条新赛道之外，数字技术、现代服务业也在与传统制造业“打得火热”，正推动“广州制造”向“广州智造”迈进。

## 破局，广州能跳出“周期”吗？

2023年广州1—5月经济数据中，有几个数据值得关注：规上工业增加值同比下降2.9%，降幅比1—4月收窄1.3个百分点；新能源汽车加快产出，实现产量同比增长1.2倍，充电桩产量同比增长1.5倍；高技术制造业最受“青睐”，投资同比增长28.9%，占制造业投资的比重为50.0%。

在“新赛道”的加持下，广州正一步步走出经济增长的周期性波动。传统产业的支撑力、新优势产业的拉动力和第三产业赋能实体经济的驱动力，凝聚起了广州的底气和实力，又显化于扎根于此的企业的量质齐飞上。

胡润研究院发布的《2023年全球独角兽榜》显示，广州是过去一年独角兽数量增长最快的中国城市，有22家，相比一年前猛增了12家，包括广汽埃安、小马智行、文远知行、粤芯半导体、小鹏汇天、极飞科技等企业，多元资本力量携手前行。

这些拔节生长中的“后浪”，风流竞逐，有望革新广州的企

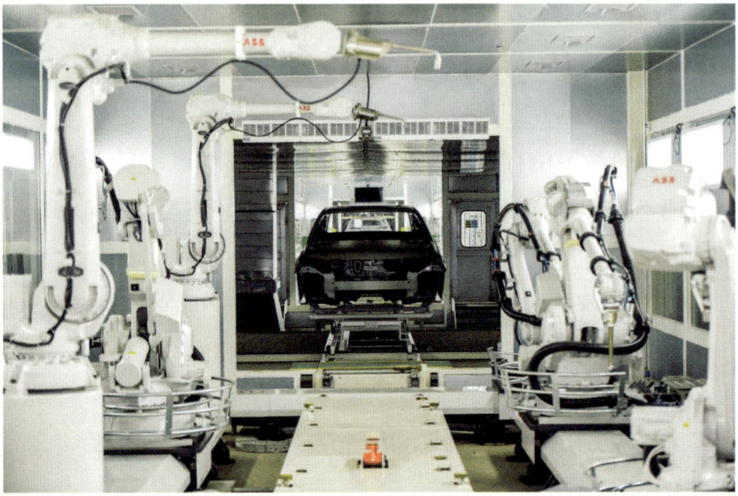

广汽埃安智能生态工厂生产线（张梓望 摄）

业生态格局；全新的浪潮，也让传统产业在新生态中突破自我，活力焕新。

欧派家居董事长兼总裁姚良松称，其所在的时尚产业正全面发力“数智化”产业升级，“只有走出传统思维，传统制造业才能实现高质量发展”。

城市竞争，群雄环伺。广州“实”力基座的稳健，靠的是产业第一、制造业立市。正如中国国家创新与发展战略研究会学术委员会常务副主席、重庆市原市长黄奇帆所言，推动广州高质量发展的重点在制造业。

广州既要出实招，强实力，更要出新招，建新功——打好产业基础高级化、产业链现代化攻坚战，大力推动制造业数字化转型、网络化协同、智能化改造、绿色化提升，才能将现代化产业脊梁做壮做强。

“实”力，是广州发展破局的确定性，是跳出周期的硬本领。

千年商都，踏上新途，无惧荆棘，破浪前行！

参考文献：

[1] 陈刚,杨代友.粤港澳大湾区视角下广州产业高质量发展问题分析[J].城市观察,2023(1):19–34[2023–06–23].https://gzsk.org.cn/uploadfile/2023/0322–pdf/06.pdf.

[2] 九城看当家 | 广州：万亿级产业如何实现“零的突破”[EB/OL].(2023–06–12)[2023–06–23].https://static.nfapp.southcn.com/content/202306/12/c7780653.html.

[3] 最新统计数据来了，广州多个领域“逆转式”恢复[EB/OL].(2023–05–27)[2023–06–23].https://static.nfapp.southcn.com/content/202305/27/c7729434.html.

[4] 打造一家超高清视频垂直一体化企业，要花多少钱？[EB/OL].(2023–05–09)[2023–06–23].https://static.nfapp.southcn.com/content/202305/09/c7661065.html.

21城21问

南方日报

聪明的深圳
还需要哪些智慧?
5G
5G
5G
深圳，站在GDP迈向4万亿的关口，何去何从？从“三天一层楼”的高光带，到因创新发展而“鹏城”万里，深圳的“聪明”无处不在。制造业“压舱石”稳固基本盘，新经济释放发展新动能，深圳正用自身的“闯”与“试”，为中国式现代化建设蹚路创新！

# 聪明的深圳，还需要哪些智慧？

助力聋哑人有效沟通的“可识别手语背心”、帮助垃圾分类的“智能垃圾桶”……这些充满想象力和人文关怀的设计，出自哪些设计师之手?

答案也许会令你意外：它们都来自深圳的小学生。

有人说，深圳遍地“爱迪生”，此话不假。

2021年，深圳市专利授权量27.92万件，连续4年位居全国榜首；2022年，深圳每万人口发明专利拥有量达137.9件，约为全国平均水平的5.8倍，PCT（专利合作条约）国际专利申请量15 892件，连续19年居全国大中城市第一。

这一切无不印证着深圳的“聪明”。而要担起建设中国特色社会主义先行示范区的历史使命与时代重托，为中国式现代化“打样”，聪明的深圳还需要哪些“智慧”？

## 清醒的智慧

从“三天一层楼”的高光带，到因创新发展而“鹏城”万里，深圳“长红”的背后，有对时势机遇的敏锐把握，活力迸发的优越基因，“闯创干”的精神气质。但要满足对“先行示范”的期许，深圳同样需要日省吾身的勇气，坚定清醒的智慧。

以创新为剖面，深圳有底气——企业领跑、科研院所发力、个人高度参与的创新模式，长期以来发挥着“CPU”（中央处理器）作用；由产业创新牵引科技创新，以科技创新推动产业创新，这种市场驱动、需求导向，使创新成果既新又实，更具价值。

然而，深圳也有短板——支撑力强的重大科研平台尚在孵化期，顶尖人才和高端研发团队相对不足，大科学设施布局较晚，世界一流大学仍在培育。

比如，在国家重点实验室建设上，深圳与北京、上海以及临近的广州都还有着一定差距。在高校建设方面，这些年虽然急起直追，但与城市发展速度相比，还是显得缓慢了些。

“企业强势、学界弱势”“重后端、轻前端”，这是对深圳创新现状的普遍“诊断”，直接导致了“聪明城”在基础研究、前沿原创和前瞻性研究上仍存在短板，对解决核心技术“卡脖子”问题支撑力度仍显不足。

补齐短板，成为深圳升级“智慧大脑”的关键。

乘着粤港澳大湾区的科技创新重点布局的东风，深圳首先是“搭台”——国家实验室建设步伐加快推进，以国家实验室为引领的实验室集群逐步形成。青年科学家颜宁任职的深圳湾实验

深圳城市中轴线（张迪 摄）

深圳大学（朱洪波 摄）

室、深圳医学科学院（筹），就是在此背景下生根发芽的。

其次是“补课”——为了提升高等教育的实力，除了做强深圳大学等本土高校，北大深研院、哈工大（深圳）、中山大学深圳校区等“新血液”不断注入；香港大学、香港中文大学，也为深圳添了一把“智慧之火”，同时，为自身拓展了生源，扩大了科研成果转化的空间。

再就是“布局”——着眼5G（第五代移动通信技术）、8K（超高清视频技术）、人工智能、区块链、医疗器械、卫星等重点产业，从“全布局”到“精布局”，更多深圳创新“细胞”焕发出勃勃生机，逐步打破一些核心技术垄断，具备了更多站上世界舞台的底气。

更关键的是“引凤”——“追梦之城”发挥着“强磁场”作用，通过前沿科学交叉研究平台和功能性科研平台建设，锁定数字经济、生命健康、新材料、人工智能等领域和方向，让“最强大脑”在此激扬智慧，成为全球人才的“栖息地”。

## 共情的能力

优渥的环境，一直以来被看作深圳城市竞争力的“杀手锏”。昔日的边陲小镇，诞生了华为、腾讯、中兴、TCL、比亚迪等首屈一指的大公司，截至2023年3月，深圳商事主体已突破400万户。

企业成长，离不开城市养分供给，需要一份对企业的生存发展的共情，形成共荣共生的默契。

进入21世纪第三个十年，曾经的“工业第一城”迎来新的现实问题。2005年，深圳第二产业地区生产总值占比为52.4%，2022年，这一数据降至38.3%。据估算，从2012年到2021年，深圳制造业增加值占地区生产总值的比重下滑了约10%。这期间，一些知名制造业企业选择外迁。这其中，也许有更高层面的设计考量，也有他们对土地、生活等成本上升的现实顾虑。

在深圳大学中国经济特区研究中心教授袁易明看来，制造业始终在深圳的经济发展过程中起着主体推动作用。作为创新型城市，如果制造业不强，创新就是无源之水，无本之木。

在地区生产总值迈向4万亿的关口，深圳重提“工业立市”“制造强市”的口号。共情企业需求的诚意，更要落到行动的能力上。

深圳直指要害，向天要地，破产业空间难题。

优质产业空间是稳住制造业的“金字招牌”。但深圳，寸土寸金。一些新兴产业久久无法落地，就在于无地可落。比如，动力电池这个风口行业，需要很大面积的厂房。

一场由内至外的革新改变了创新生产格局。打造“摩天工厂”：2023年6月14日的一场项目现场推进会传递了信息，深圳市20个先进制造业园区土地整备，准备实施“工业上楼”厂房空间建设计划，百米装配式“摩天工厂”呼之欲出。聚合“白大褂”和企业家：在光明科学城国内首创的“楼上楼下创新创业综合体”，穿白大褂的研发人员和穿西服的企业家老板同处一楼，实现研究与企业孵化的聚合。“基础研究+技术攻关+成果产业化+科技金融+人才支撑”的全过程创新生态链，打通科研向产业转化的关键环节。

深圳抓住关键，花式留人，激发“第一资源”活力。

承载超2000万人口的深圳，下决心破解住房困局，让更多新市民、青年人、科创人才不再“为房所困”。截至2022年底，深圳已供应保障性住房65.1万套（间），覆盖了约150万人。在深

全国首个全装配式“摩天工厂”深圳坪山新能源汽车产业园区，在这里，汽车可“搭电梯”开上17楼（朱洪波 摄）

圳，保障性住房“跟着产业园区走、跟着大型机构走、跟着轨道交通走、跟着盘活资源走”，这一战略加大了建设筹集力度，也体现出以人为本的发展理念。

不仅如此，深圳“工业上楼”的一个园区，就犹如一座城。比如，在宝安区新桥东先进制造产业园，园区内高标准规划了居住产品、商业设施，配套教育资源，集生产、研发、办公、居住等于一体，既有生产，也有生活，更有生态。

## 领飞的果敢

对于深圳而言，前方又是熟悉的“无人区”。从跟飞到领飞，孤独感会成为常态，不确定也是唯一的确定。

波士顿咨询公司董事总经理、全球合伙人，深圳市先行示范区专家库专家郭屹，曾给予深圳“最大的长处是速度”且效率效能都是“典范”的高度评价。他认为：“越来越难给深圳找到一个一眼就觉得这是一个标杆的标杆了，因为深圳自己本身也变成一个标杆。”

世界知识产权组织连续发布全球创新指数，深圳—香港—广州科技集群自2020年起，连续三年位居第二，仅次于东京—横滨科技集群。

站在推动和实现中国式现代化新维度上，深圳领飞需要更果敢。深圳要果断把握住建设粤港澳大湾区综合性国家科学中心主阵地的机遇，朝着建设产业创新高地的目标奋斗，更要向着建设源头创新地的梦想奔赴。

深圳领飞需要更强韧：如今，更多的变量在交织，全球产业博弈和调整节奏加快，传统的经贸冲突正在演化为更深层次的科

在波动的经济周期中，深圳制造奋勇前行，产业链合力推动高质量发展（朱洪波 摄）

技、产业之争。工业基本盘之稳，始终是深圳经济保持韧性、持续向好的关键。

深圳领飞需要更融合。强化与粤港澳大湾区科研机构间的协同合作，是深圳振翅高飞的可循路径。为实现高水平科技自立自强、加快实施创新驱动发展战略，深圳正在探索一条“共享创新要素、构建生态融合型创新”的新路子。

…………

未来天高，任大鹏展翅！

深圳正用自身的“闯”与“试”，为中国式现代化建设蹚路创新，焕发出热烈升腾的时代气象！

## 参考文献：

[1] 深圳市2022年国民经济和社会发展统计公报 [EB/OL]. (2023-05-08)[2023-06-26].http://tjj.sz.gov.cn/gkmlpt/content/10/10577/mpost_10577661.html#4222.

[2] 要创新，为什么不去深圳？[EB/OL].(2021-11-22)[2023-06-26].https://mp.weixin.qq.com/s/HIUNiMGvkvgI3K7vOY8z3g.

[3] 汪云兴,何渊源.深圳科技创新：经验、短板与路径选择[J].开放导报,2021(5):86-94.

[4] 李蓬实.粤港澳大湾区背景下深圳创新能力研究[J].城市观察,2019(4).DOI:10.3969/j.issn.1674-7178.2019.04.003.

21城21问

南方日报

珠海能否
再"杀出血路"?
珠海，有着许多闪亮的名片，也直面着休闲养老城市、存在感不强等评价。在高质量发展战鼓擂响，粤港澳大湾区建设热火朝天的今天，珠海需要快马加鞭。等不起、慢不得、坐不住，吹响"产业第一"冲锋号，珠海拼了！

# 珠海，能否再『杀出血路』？

珠海有着许多不同的标签，又似乎有些难以定义。

全国首批经济特区、中国航展、港珠澳大桥、大飞机“鲲龙”AG600……这些都是珠海的闪亮名片。然而，深圳的“小老弟”、休闲养老城市、存在感不强……这样的评价，似乎又让人有些五味杂陈。

2023年6月20日召开的中共广东省委十三届三次全会提出，要以“走在前列”总目标统领广东各项工作。踏上新征程，奋楫再出发，其难度、广度和深度绝不亚于40多年前改革开放的启程。尤其对珠海而言，在高质量发展战鼓擂响、粤港澳大湾区建设热火朝天的今天，依托着全国唯一与港澳路桥相连城市的区位，拥抱着大桥经贸新通道带来的红利，更是要快马加鞭。

一刻都不能等！2023年珠海市政府工作报告释放强烈的冲锋信号，响亮提出打造“制造业当家”创新品牌，力争2—3年内实现“规上工业企业倍增、百亿工业企业倍增、高新技术企业倍增、外贸倍增”，迈入工业总产值“万亿俱乐部”。

在奋力“拼经济”的大势下，在危与机、稳与进的纵横捭阖中，珠海能否再“杀出血路”？

## 等不起、慢不得、坐不住

珠海年轻，建市仅43年，建县也不过70载。1980年，珠海经济特区正式成立，成为中国改革开放的前沿阵地。南海之畔的小渔村一跃进入全国人民视野。

年轻是本钱。凭借初生牛犊敢为人先、敢闯敢试的冲劲，全国第一家中外合资酒店、全国第一家“三来一补”企业、全国第一个跨境工业区、开国内科技重奖先河……都是当年“新珠海”

的探路之举，领风气之先。

1992年，“亚洲第一爆”（珠海机场炮台山爆破）惊天巨响，掀起了当时国内大型机场的建设序幕。随之而来的，是中国国际航空航天博览会的正式落地。这座海滨小城开始吸引世界目光。

大胆地试、勇敢地闯，奠定了这座特区之城的精神底色。然而，进入新世纪，珠海的步伐似乎慢了下来。无论是人口增速还是经济体量，对比省内兄弟城市，珠海表现并不突出。

标兵在前——面积与珠海相近、同期发展的深圳已是地区生产总值3万亿量级的超大城市；广州也来到冲击3万亿的关键路口；佛山、东莞先后迈进“万亿俱乐部”。追兵紧逼——茂名、江门、湛江、中山，在经济总量上急起直追。

等不起、慢不得、坐不住！地区生产总值刚突破4000亿关

珠海大剧院（钱文攀 摄）

珠海把“产业第一”摆在全市工作首位（关铭荣　摄）

口，正是珠海咬紧牙关、蓄能提速的好时候。

产业是一座城市高质量发展的关键所在。珠海吹响“产业第一”冲锋号，要在珠江口西岸，再造一片生机勃勃的产业森林。锚定“万亿强市”的新目标，珠海提出到2025年，全市工业总产值突破1万亿元；全市新增15家以上百亿级制造业企业，上市企业超过50家，高新技术企业总数突破4000家。

紧迫感驱使，一切都在加速：

在2023年第一季度重大项目集中开工活动上，186个重大项目“同时起跑”，总投资916亿元，珠海掀起齐心协力抓产业促发展的热潮。

面对环伺的强者，第一季度，珠海以67.1%的工业投资增速居珠三角首位；作为产业新城，珠海第一季度规上工业增加值增长6%，居珠三角第二位。

奋斗的精神、铿锵的脚步、实干的作为，都在传递一个信号：珠海拼了！

## 倍增式跨越，能吗？

2023年，注定是珠海腾飞转型迈向“倍增快车道”的关键一年。

既已知产业是要害、是关键，就必须直面现实、直击痛点。珠海的产业规模不够大，产量总量小，结构相对“稚嫩”，缺乏多元化。

首先得引进“大块头”“高个子”：通过吸引龙头企业落户、强链补链，新能源、集成电路和高端制造产业在珠海经济结构中的比重迅速攀升，日渐成为推动高质量发展的新引擎。2023年以来，国内领先的第三代半导体研发企业华研伟福入驻横琴、埃克森新能源（珠海）储能电池项目落地、德国化工巨头科思创将在珠海投资建造其全球最大的热塑性聚氨酯（TPU）生产基地、格力集团粤港澳综保物流产业园已竣工投入使用……以龙头企业带动主导的产业组团落户，为发展注入强劲动能。

“增高变壮”之余，珠海还将眼光投向了优势领域：丰富的海洋资源和中国航展，是珠海的金字招牌，可带来无限可能。

抬头看天，在中国航展招引下，珠海先后引进我国通用飞机制造龙头中航通飞落户，还吸引了大批上下游产业链的中小企业纷至沓来。

放眼深海，“蓝色粮仓”正加速崛起。全国首台半潜式波浪能养殖网箱“澎湖号”、大型深远海养殖平台“横洲号”“德海

珠海正大力推进5.0产业新空间建设（关铭荣 摄）

1号”智能化养殖渔场落地投产，万山海域及外伶仃海域两个国家级海洋牧场示范区乘风破浪、逐梦“深蓝”。

迈向“万亿工业强市”，高质量的产业载体至关重要。珠海在全市铺开5.0产业新空间建设，用一座座“顶装的配置，毛坯的价格”的超级工厂，托举起中小型企业的产业梦。在全国各地上演精彩纷呈的“招商大战”之时，5.0产业新空间主打“拎机投产”“拎包入住”，成了珠海的一张“王牌”。

珠海为什么能？这答案，在“珠海‘产业第一’四项工作进度图”上，在一座座拔地而起的超级工厂里，在24小时机器不停轰鸣的繁忙生产线上，在整座城市同心掀起项目建设“大热潮”中。

跨越式倍增，开局感觉良好。

珠海，动起来了！

## 靠谁成事？

成事在人，能让一座城乘势而上的，始终是人。

珠海曾吸引“孔雀东南飞”的故事，至今仍被人称道。

1992年“百万重奖科技人才”的壮举，滋养出珠海的创新基因，这份豪情也一直在持续，成为今日珠海的一份底气。

如今，“青春之城、活力之都”的城市形象宣传语遍布全城，明确传递出一个信号——要以人才活水激发城市活力。

当前珠海全市人才总量超过85万人，其中硕士以上、高级以上职称等高端人才约9.5万人。每万人工程师数量位居全省第一，人才净流入率位居全省前列。科技创新发展指数排名连续三年位列全国地级市第二位，仅次于苏州。

2023年2月，第一届粤港澳大湾区博士博士后创新创业大赛在珠海闭幕，大赛的举办再给“青春之城”注入了一波高质量

粤港澳大湾区博士博士后成果展，观展人士了解光场全景显示设备（钱文攀 摄）

人气。目前，珠海已累计吸引近5000名博士博士后人才扎根“双创”，新引进博士人才数量年均增长34%。

他们参与着珠海的现在，也绘就了城市的未来。也许有一天，他们也会像“资深创客”燕金元一般，百感交集着，又对未来充满期待。

30年前，珠海的人才强磁场吸引燕金元到此“创”一番事业，在5月举行的“创新珠海”科技盛会上，他收获科技进步特等奖。他在医疗健康领域的创新成果，于2020—2021年销售收入超11亿元，出口额超8亿元，实现进口产品的国产替代。

燕金元感叹珠海对人才的虹吸效应，并认为随着人才引进力度的不断加大，相关产业和配套设施的进一步完善，未来将会有更多的科技人才集聚，为珠海发展注入新活力。

城，以人为本；人，则以城为家。珠海，需要更多坚守者、奋进者、搏击者。这也同样需要更多吸引人、爱护人、留住人、激发人、成就人的珠海特色、珠海行动、珠海温度。

近年来，珠海“英才计划”等人才优惠政策频繁出台：发放“珠海英才卡”，产业青年优秀人才年龄资格条件放宽至45周岁以下，重点领域企业新引进人才首次申请人才住房补贴可实现“落地即享”，有针对性地放开放宽入户政策……

“来了就是珠海人。”面对年轻人、产业工人、新市民，珠海许下“有业有住有家”的暖心承诺，“努力把每个人的幸福都融入珠海经济社会发展图景中”。

人气聚，众智汇。今天的珠海，不仅是人才的泊靠之港、安身之所，更是机会之窗、圆梦之地。

透过一张张活力面孔，你看到珠海的明天了吗？

参考文献：

[1] 陈钰,千红亮.珠海传：近代中西文化走廊[M].北京:新星出版社,2018.

[2] 2023年珠海市人民政府工作报告[EB/OL].(2023-02-14)[2023-06-27].https://www.zhuhai.gov.cn/zw/zfgzbg/content/post_3486468.html.

[3] 现代化国际化！珠海，奋发进击！[EB/OL].(2023-03-29)[2023-06-27].https://mp.weixin.qq.com/s/eBm-GDohDgtn2MI6wLC7eQ.

21城21问

南方日报

汕头
可以多“特”别？
汕头，中国最早的四大经济特区之一，但又有人说它“不够特”。曾经的百年商埠，如今打出“工业立市、产业强市”的目标，一场大刀阔斧、撬动活力的深刻变革，传递出迎头赶上的强烈信号。站上高质量发展的新赛道，汕头正紧抓机遇、奋起直追，一步一个脚印走好新时代赶考之路。

# 汕头，
# 可以多『特』别？

汕头这座城市，在外界看来似乎有些“矛盾”。

地处南海之滨，有向海而生的大气，又感觉有点儿安居一隅，滋养着一份自得的安乐；以敢闯敢拼的闯荡精神闻名，又有着一份特别重视“家己人”的“自我”。汕头是特区，但是，又有人说它“不够特”。

这些年，满世界都是时移世易的变化。海风中、海浪里，曾经的百年商埠如何重整旗鼓再出发？站上高质量发展的新赛道，打出“工业立市、产业强市”目标的汕头，能有多“特”别？能否再立“潮头”，在新时代特区建设中闯出新路？

## 那些年怎么了？

在全国城市中，汕头相对低调。经济总量刚突破3000亿元，仅接近深圳经济总量的十一分之一，排在广东全省第11位，离全国百强入围标准，仍有一段距离。

承载着人们对经济特区的高期望值，汕头，难免会被放在特区坐标中比较：

从省内三个经济特区的发展数据看，第一个十年，深圳经济增速高达4764%，珠海增速1859%，汕头是610%；第二个十年，深圳经济增速966%，珠海498%，汕头395%；第三个十年，深圳373%，珠海291%，汕头187%；第四个十年，深圳157%，珠海超过深圳达166%，汕头增长130%。

对“标兵”深圳而言，第一个十年是翻身树立改革先锋旗帜的十年，先锋地位不言而喻。在这腾飞的黄金时期，有人觉得汕头“不赶趟”。经济增速不及期许，原因众说纷纭，但第二产业发展相对缓慢，则是共识。

从1860年开埠至今，汕头工业发展几经浮沉。这期间，既经历了快速发展期，也有相对低潮期；创造过辉煌业绩，也遭受过一些挫折；既有成功经验，也有深刻教训。

比如，由于早年发展，汕头产业出现“空心化”，随着相关政策优惠空间逐渐缩小，以及来自周边地区、长三角和其他内地城市的竞争加大，汕头工业经济发展速度趋缓，这一短板至今掣肘当地产业发展。

2023年汕头市政府工作报告直面痛点：汕头“产业高质量发展不够，产业体量不大，集聚度较低，创新动能不足，支柱型产业和龙头企业不够”。

经过这些年的风风雨雨，“工业立市、产业强市”的重要

汕头大力发展海上风电（谢嘉龙 摄）

性不言而喻。如今，汕头也一步步形成了相对独立完整的工业体系，构建起以新能源、新材料、新一代电子信息、纺织服装、玩具创意和大健康为引领的“三新两特一大”产业发展格局。

2023年开春以来，汕头“三新两特一大”各条战线捷报频传。汕头国际风电创新港建设打响了第一炮，总投资350亿元的13个海上风电产业项目签约、开工；成功举办服博会，总签约金额达155.6亿元；玩博会顺利闭幕，签订意向协议金额108亿元、现场成交金额达30亿元……第一季度，汕头“三新两特一大”产业合计完成规模以上工业增加值124.56亿元，占全市规模以上工业比重接近七成，同比增长8.9%，拉动全市规模以上工业增长6.1个百分点。

在高质量发展的机遇下，汕头重现新一轮“百业争春”。

这背后，一场大刀阔斧、撬动活力的深刻变革正在进行。

## “来了就是家己人”

改革开放40余年，有效吸引外部投资，留住本地投资，是大多数中国经济先发城市的经验之一。投资环境虽然看不见摸不着，却是一座城在“氛围感”上的讲究，涵养“吸引力”的法宝。

早在特区初创之时，汕头就曾因“24小时审批答复制”而引起海内外关注。在国内开政府机关对企业服务承诺制先河，是汕头人引以为傲的“首创”之一。但优良营商环境的塑造需要久久为功，不得不说，汕头在这方面做得还不够。

2022年年末，广东省发改委印发《2022年广东省营商环境评价报告》，汕头排在第二档，与上一年相比，汕头在构建

“亲”“清”政商关系、服务和吸引潮商投资等方面展现新作为。

但汕头目标清晰，头脑清醒。

2023年3月召开的汕头市营商环境建设大会明确指出，汕头市营商环境整体处于全国全省中下游水平的状况还没有得到根本改变，企业和群众办事难、办事慢、办事烦的问题仍然不同程度存在，外界对汕头营商环境的印象和评价还没有实质的改观。

汕头深知，面对“工业立市、产业强市”的目标要求，没有良好的营商环境就难以迎头赶上，必须痛下决心把二者放在同等重要的位置。大会提出了“谁敢与营商环境作对，我们就坚决跟谁作对；谁敢跟企业过不去，我们就和谁过不去”的鲜明主张，发出“来了就是家己人”的诚挚邀请。

改变，汕头拿出了改革的魄力和硬招实招，持续推进营商环境优化提升工程，提出审批“不见面是常态，见面是例外”、特约监督员要持续“找茬”“揭短”“挑刺”、让办事不求人成为社会风尚……《汕头市加强营商环境建设工作方案》（以下简

汕头城市景观（杨立轩 摄）

汕头小公园（杨立轩 摄）

称《工作方案》）于2023年5月印发，一批举措聚焦市场主体关切，坚决打破部门利益、打破条条框框、打通堵点难点。措施不但要写在纸上，更要落到实处。《工作方案》明确，到2023年年底前，汕头营商环境重要量化指标有所提升；到2025年年底前，营商环境建设在重点领域形成一批标志性成果。

新一轮的改革激荡“一江春水”，也传递了特区迎头赶上的强烈信号。

## “侨”牌怎么打?

工业强则城市强，产业兴则城市兴。然而，只有形成特色，才能突出重围。踏上新征程的汕头，还需要什么?

“侨”，是汕头最大的资源和优势。

汕头的特别，与生俱来。作为全国唯一拥有内海湾的城市，汕头早在清末民初就成为新的粤东中心城市。

凭借得天独厚的自然地理环境，汕头曾有过“百载商埠、楼船万国”的繁荣；数以万计的潮汕人坐“红头船”闯南洋，形成了今日潮汕籍华侨遍布东南亚的格局。从艰苦创业到回乡投资兴业，潮汕籍华侨在经济特区发展的历史进程中留下了浓墨重彩。

因时而变，因势而动。今天的“侨”牌该怎么打?

做好新时代“侨”的文章，汕头先是打造“侨”平台——大力推进华侨经济文化合作试验区、“侨梦苑”等涉侨平台建设，依托筹办2024年第二十二届国际潮团联谊年会和第十届国际潮商大会的契机，力图聚“侨”引智，共谋发展。

其次是创新“侨”机制——创设全国首个以华侨为核心概念的区域股权交易市场“华侨板”，深入推进便利华侨华人投资制度专项改革试点，规划设立华侨产业园、新侨创新创业基地和

汕头华侨试验区（杨立轩 摄）

汕头南滨新城（杨立轩 摄）

“华侨之家”，打造便利华侨华人投资区。

此外，弘扬“侨”文化——大力推进海外华文教育创新发展中心、侨情资源库、数字虚拟潮汕家园平台“三大工程”，加强“侨批”档案保护、管理和研究，以情相系，引导海外华侨华人增强文化认同。

因侨而立，因侨而兴。广大侨商始终是汕头最具优势、最不可或缺的重要力量。相关统计数据显示，2023年汕头市有外资企业897家，其中侨资企业就有697家，投资总额累计达129.99亿美元。

心系桑梓，“侨”见未来。随着汕头前进步伐越来越坚定、政策红利越来越丰厚、发展动能越来越充沛，广大侨商也迎来了更广阔的舞台和更多的机遇。

相信，汕头的明天会“特”好！

参考文献：

[1] 十问：汕头何日再出头？[EB/OL].(2021-01-04)[2023-06-28]. https://static.nfapp.southcn.com/content/202101/04/c4555782.html.

[2] 任青霞,张文宏,刘力凯.生产要素流动、经济增长与城市发展不均衡问题研究：以深圳、珠海和汕头三个广东省经济特区为例[J].中国商论,2023(11):17-20.

[3] 刘淼蓉.经济特区创新建设下人力资本要素相关分析：以深圳、珠海、汕头三市为例[J].经济研究导刊,2023(6):107-109.

[4] 汕头：在新时代经济特区建设中迎头赶上[EB/OL].(2022-10-13)[2023-06-28].https://wap.peopleapp.com/article/6891925/6755293.

21城21问
南方日报

# 佛山制造“跨过中年危机”了吗？

在广东制造业当家的“大舞台”上，佛山是不可或缺的“台柱子”。置身新发展格局，“年逾四十”的佛山制造，怎样蹚出高质量发展新路？这座天生低调，但拥有制造业领域多个“世界之最”的万亿城市，正用一张张“成绩单”向世界宣告，有家就有佛山造，“佛山功夫”看制造！

# 佛山制造，跨过『中年危机』了吗？

“美的系”总销售额全网第一、林氏木业蝉联天猫“618”家装家具榜冠军、万和登顶天猫和京东零冷水热销榜……这是2023年“618”购物节上部分佛山企业的成绩单，多家企业斩获“全网销冠”。

从400年前的广锅天下畅销，到如今的“佛货”云上走红，“有家就有佛山造”深入人心，佛山制造长期稳坐“C位”。

在广东锚定“走在前列”总目标的新征程上，经济大市佛山肩负重任。

在广东制造业当家的“大舞台”上，佛山亦是不可或缺的“台柱子”。

世界级的大湾区，往往都有先进制造业作为脊梁。“佛山功夫”看制造，置身新发展格局，新的时代之问摆在这座“万亿城市”面前：“年逾四十”的佛山制造，如何摆脱“上不去、下不来”的挑战，能否跨过“中年危机”向上突围，怎样蹚出高质量发展新路?

## 互联网时代，“Made in Foshan”还灵不灵

今天，是互联网批量制造爆款的时代。有人说，佛山错过了消费互联网。

从多个佛山企业公布的“618”成绩单来看，这个判断不够准确。比如，林氏家居大促直播间里，一款单人沙发在狂欢节前热卖超4万张，稳坐天猫沙发榜单前三。只是那些买单的人未必知道它来自佛山。

其实，很多广为人知的网红爆款，都有一张佛山“身份证”。

打开小红书，搜索复古咖啡机，排名靠前的几款“网红”，

产地多数指向同一个地方——佛山；打开京东，搜索空气炸锅，热搜前五的产品有四个是佛山品牌。电炖锅、榨汁机、干衣机等高热度家电产品，都少不了佛山制造的身影。

有种哲学的平衡感，投射在佛山身上。

它低调，既不是省会，也不是计划单列市，没有广州、深圳、杭州、长沙、成都等地的知名度与出镜率；它又出圈，被誉为武术之城、美食之都，还是制造名城，尤其是在家电、家具、建材等领域，长期“霸榜”。

互联网时代，“Made in Foshan”还灵不灵？

地区生产总值排名全国第17、制造业占比超过50%，这在全国城市尤其是地级市中少有；据不完全统计，佛山陶瓷产量、微波炉产量、电风扇产量、冰箱产量、空调产量、酱油产量……全部都是世界第一！

美的集团旗下的库卡是世界领先的工业机器人制造商（周春 摄）

平均每秒钟就有2个电饭锅下线，每分钟能生产100台微波炉，每小时能生产洗衣机273台，每天生产冰箱超过2万台，每年生产空调器2300万台……

这，就是答案。

## 将制造“刻进基因”

“制造”为什么会成为佛山的看家本领?

“基因”其来有自。

早在400多年前，佛山冶铁业垄断了南方铁器市场，广锅、广钟、广针、铁钉、铁线等铁器畅销海内外，成就了其“帝国铁都”的名号。佛山史研究专家、《帝国铁都》作者罗一星，用“中国制造业的顶流”来形容“佛山铸造”。明清时期，佛山逐步发展为岭南地区冶铸、陶瓷、纺织、中成药等制造业的中心，位列“中国四大名镇”。

“基因”里有风口的敏锐果决。

改革开放后，佛山抢抓机遇，借助紧邻香港的地理优势，通过“三来一补”的加工制造业，快速在陶瓷、电子、铝制品、服装等行业站稳脚跟。当地政府更以炸平山头建厂房的魄力，大力扶持制造业发展。

一批佛山乡镇企业开始崛起，成为市场领头羊，创造了大量年代爆款。陶瓷领域，有畅销全国的金花米黄陶瓷；家具领域，有风靡一时的联邦椅；家电领域，容声双门冰箱走俏全国市场；饮料领域，健力宝“东方魔水”成为一代人的记忆。

“基因”里有政企的双向奔赴。

以制造业为本，成为佛山不变的坚持；工匠精神，是佛山企业家笃定的信条。“有形之手”和“无形之手”紧紧相握，“有为政府”与“有效市场”共荣共进。

历经40多年的快速发展，如今佛山制造的“躯干”庞大、结实，形成了“三五成群、十有八九”的产业格局，即拥有三个新兴产业和五个传统产业超千亿产业集群，制造业大类应有尽有。其中，八成的产品会走进千家万户，九成的产业可以实现自我配套。

《证券时报》的研究显示，在全国地区生产总值100强城市中，佛山千亿产业的数量高居全国第六，是广东千亿产业最多的城市，其中电气装备制造业、金属制造业2个产业的产值均占据全国头把交椅。

2022年，佛山有90家企业入围“广东省制造业500强”。

本田汽车零部件制造有限公司是佛山市内外商投资最大的汽车零部件生产企业，也是本田全球最大的变速箱生产基地（毛蕾 摄）

近年来，德尔玛电器快速打造“网红”体系，利用线上直播平台开辟零售新市场（戴嘉信 摄）

“虽然说大树底下不长草，但北滘大树底下长了草，还有灌木，还有将来有希望变成乔木的企业。”知名经济学家、北京大学国家发展研究院教授周其仁对“家电名镇”北滘的点评，形象地概括了佛山传统产业集群的勃勃生机。

尤其在竞争白热化的家电领域，即便佛山已有美的、格兰仕、海信等“参天大树”，但近年来依然新秀群起：成立于2006年的小熊电器，以一款酸奶机打开了小家电蓝海，接连开发出蒸蛋机、电热水壶等爆款，2019年成为国内“小家电品牌第一股”；德尔玛则更年轻，起步于2011年，凭借扫地机等爆款异军突起，2023年成功登陆A股市场。

它们在互联网时代讲述了新的佛山故事，绽放着佛山制造的活力青春。

## 是家底，还是包袱？

当下，全球经济迎来风云变幻的周期，而中国也进入经济结构转型和产业迭代的关键时期。

在佛山探寻制造业的未来，有着不同寻常的意义：这里不仅是“中国制造”重要样本城市，还是全国唯一的制造业转型升级综合改革试点城市。

佛山制造的家底厚实，但若故步自封，家底也会变成前行的包袱。

“上也上不去，下也下不来”——周其仁曾这样点出佛山产业集群所面临的挑战。

对标全球最优水平，佛山制造仍有不小差距。

一边是自身产业结构偏重传统，产品附加值、技术含量有待

季华实验室是广东首批启动建设的省实验室之一，部署了机器人及其关键技术等八个研究方向，图为实验室俯瞰图（符诗贺 摄）

提高；一边是发达国家掌握核心技术并推动高端“回流”、后发国家以更低廉的生产要素来PK——这些都是佛山向上突围必须迈过的坎。

“（过去）那些经验、那些成功都是正确的，但是现在要有从零点出发的决心。”中国国际经济交流中心首席研究员、国家发改委学术委员会原秘书长张燕生说。

“年过四十”，不惑方能守正，不惧方可勇进。佛山制造如何跨过“中年危机”，成就高质量？

新的组合拳已经打出：

打造PRO版——赋能传统板块迭代升级，迈向更专业更优质。

佛山在以科技创新夯实现代产业根基的同时，全力推动“智造”转型，争取2025年80%以上的规上工业企业实现数字化改造、智能化生产。以代表全球制造业数字化最高水平的“灯塔工厂”为例，截至2023年上半年已经打造出4个，数量领跑全省。“美的未来还会不断去扩大数字化技术基础设施，来推动集团在全世界所有工厂的数字化转型。”美的集团董事长方洪波透露。

打造PLUS版——“招育并举”发展壮大新兴产业，助制造实力倍增。

2023年佛山力争规上工业总产值突破3万亿元，向“全国工业强市第一梯队”冲刺。10个新兴产业千亿集群正在加速建设。新能源汽车、智能装备制造、生物医药等产业如雨后春笋般生长，新的爆款“正在路上”：充电装载零部件占据了相当大的市场份额，比亚迪、特斯拉等龙头企业背后都有佛山制造身影；AGV小车进入一流车企的供应链，佛企打入仓储自动化全球50强……

打造MAX版——携手湾区兄弟城市优化资源配置，激发动能释放效能。

作为粤港澳大湾区极点城市之一，佛山不断深化与广州、深圳、香港、澳门等在科技、金融、贸易等多领域的合作，为制造业高质量发展“添上更强劲有力的翅膀”，做好湾区共创共赢的大文章。

高质量发展赛道高手云集，这套佛山新功夫，你怎么看？

参考文献：

[1] 南方观察 | 佛山凭什么捍卫自己的江湖地位[EB/OL].(2022-05-05)[2023-06-29].https://static.nfapp.southcn.com/content/202205/05/c6462332.html.

[2] 新一线城市悬疑，这次为什么少了佛山？[EB/OL].(2023-06-20)[2023-06-29].https://t.qianzhan.com/caijing/detail/230620-674188c2.html.

[3] 高质量发展调研行 | 守住“老字号” 开拓“新赛道”：佛山推动制造业量、质双升[EB/OL].(2023-06-14)[2023-06-29].http://www.news.cn/politics/2023-06/14/c_1129693686.htm.

[4] 潘玉蓉.制造业挺起高质量发展脊梁：中国千亿产业城市图谱[N].证券时报,2023-06-21(2).

[5] 佛山，一座被严重低估的经济强市[EB/OL].(2020-06-23)[2023-06-29].https://www.tmtpost.com/4487640.html.

21城21问
南方日报
韶关“盘算”在盘算什么？
老工业城市，传统资源型城市，是很多人给予韶关的产业标签。其实，韶关有新的“盘算”：青山绿水之间，一条条看不见的算力通道正联通湾区、直达世界。与数算相关的种种，让这座粤北山城成为了信息产业的“焦点之城”。

# 韶关，在『盘算』什么？

她，古虞名郡，张九龄修路的故事经久流传，南粤雄关、千年古道依稀可见往日“三省要冲”的繁荣和担当。

她是韶关。新中国成立后，这里生产了广东第一台电冰箱，第一台电视机，还有第一台台式电脑，引得全国瞩目。

今天的她，有人评价，不得“想当年”，也不好“比当年”。其实，韶关有新的“盘算”。

青山绿水之间，一条条看不见的算力通道正联通湾区、直达世界。

2022年2月，国家四部委批复同意广东省启动建设全国一体化算力网络粤港澳大湾区国家枢纽节点，并明确在韶关建设数据中心集群；2023年省政府工作报告再次强调推进韶关数据中心集群建设；第二届粤港澳大湾区（广东）算力产业大会暨首届中国算力网大会在韶关举行。

东数西算、云计算、数据中心、算力枢纽……与数算相关的种种，让韶关这座粤北山城一下成为信息产业的“焦点之城”。

传统老工业城市，缘何承载“最强大脑”？

面临种种“关隘”，算力新赛道上的老工业城市能否破局?

新时代新形势，新的“千年通道”怎样通达?

## 盘算“底数”，为什么能?

韶关是座有点老气的城市。老工业城市，传统资源型城市，是很多人给予这座粤北名城的产业标签。

近些年来，随着资源枯竭，传统工业萎缩，韶关也与国内大多数老工业城市一样开启了转型升级之路，而路径也大体趋同——传统产业改造升级、新兴产业加快布局、特色产业做特做精。

趋同之路想闯出新天地，要有突破、能突围。

广东省委十三届三次全会强调要坚持实体经济为本，制造业当家，在建设更具国际竞争力的现代化产业体系上取得新突破，要求挺起广东现代化建设的产业“脊梁”。

然而，传统产业改造成本巨大，第二产业总体增长乏力，特色产业体量又嫌太小。作为北部生态发展区的中坚力量、绿美广东生态建设的主力军之一，韶关如何在传统、新兴和特色的抉择中，找到当家产业、挺起产业“脊梁”？

重大国家战略的实施，为韶关带来了大机遇：《粤港澳大湾区发展规划纲要》提出，构建新一代信息基础设施，建设智慧城市群。东数西算工程落地，在韶关建设粤港澳大湾区枢纽节点的唯一数据集群。

机会来敲门，韶关加紧“盘算”起来。

韶关华韶数据谷数据中心（南方+资料图）

首先是算力产业的前景。

屏幕中，“带货主播”给消费者带来丰富的商品选择；网络里，数据瞬间从四面八方汇聚到算力中心，经过处理后再返回到手机终端。当消费者点下支付按钮，一秒钟内电商平台后台可完成17亿次计算，同时有超3000个快件进入了寄递渠道。这背后，需要强大的数据计算和处理能力作为支撑。

这只是数字经济对算力需求的冰山一角。

算力是数字经济和数字化转型的底座。工信部统计显示，截至2022年底，我国算力总规模达到180百亿亿次浮点运算/秒，存力总规模超过1000EB（1万亿GB）。《广东省新型数据中心发展白皮书》披露，2021年广东省数据中心市场规模达到164.1亿元，近五年的年均复合增长率超过20%。

北京师范大学政府管理研究院副院长、产业经济研究中心主

被森林怀绕的韶关市区（肖雄 摄）

任宋向清将算力定义为“推动高质量发展的核心支撑力和关键驱动力”。中国工程院院士、鹏城实验室主任高文看重算力产业的前景：“算力在若干年后会像今天的电力一样，算力在哪里可以不用关心，要想算东西，接到算力网上，交钱就可以用算力。”

那么，算力之城，为什么是韶关?

电力充足——数据中心对电力的需求是惊人的，对电源的负载能力和稳定性要求极高。韶关是广东省电力能源主要基地之一，年发电量259.8亿度，富余电量89.21亿度，工业电价全省最低。

地质稳定——算力中心需要大量数据机房，一旦发生自然灾害，损失会非常严重。韶关地处南岭山脉南部，位于非地震带的湘粤褶皱带，地质安全稳定；远离海洋，不受海风腐蚀，受台风影响较小，有利于数据中心的安全可靠运行。

区位优势——一方面，散热是数据中心选址的重要因素。韶关地处广东北部，全年平均气温在广东是最低的，可以有效减少能耗。另一方面，韶关是国家重要交通枢纽，已基本形成以“三铁八高二航”为主骨架的综合交通网，从韶关乘坐高铁到广州仅需55分钟，韶关已然融入大湾区“一小时生活圈”，有利于引进相关人才。

盘算“关隘”，凭什么行?

虽然有着得天独厚的“算力”优势，但在算力产业这样一条全新赛道上，山区之城固有的发展“关隘”依然会卡脖子，算力枢纽建设很难一蹴而就。

算力服务，执着追求每一毫秒的速度提升。

决定服务速度的因素有两个，一是数据中心自身的计算能力，二是数据传输速度。服务粤港澳大湾区的算力枢纽，需要提供更加快速的即时性算力。而有即时性算力需求的企业和机构，也往往要求数据中心离服务地越近越好。

韶关数据中心集群距离算力需求旺盛的广深地区有200多公里的路程。距离每多一公里，都会带来一定的速度损失。这也让韶关区位优势中隐藏的“时延劣势”暴露出来。

如何解决？建设标准和传输通道双管齐下。

建设标准方面，韶关数据中心集群致力提升自身计算能力。大型、超大型数据中心按照低时延标准建立，力求时延小于20ms（毫秒），可满足全省工业互联网、金融证券、灾害预警、远程医疗、视频通信、人工智能等各类型业务的模型训练算力需求。

传输通道方面，电信运营商已完成粤港澳大湾区超高速400G全光运力网络建设，韶关到广州单向时延控制在2ms以内，到深圳控制在3ms以内。此外，连接韶关集群省际南北走向、东西走向高速光缆工程业已开工建设。“市区1ms，大湾区3ms，省内10ms，省外枢纽中心和主要省会城市20ms”高速算力时延圈正在形成。

算力枢纽，高度依靠人才的第一动力支撑。

对于韶关这样的粤北城市来说，人才尤其数字人才缺乏始终是制约新兴产业发展的短板。

调研发现，为解决数字人才难题，韶关把加大数字人才培养力度、强化算力人才供应作为发展的重要任务，不断提高大数据产业技能人才精准有效供给。

优化布局大数据专业设置、校政企合作协同育人、产教融合定向培养……2023年，全市现有技能人才约23.8万人，每年新增

2023年5月29日，“算联全球·数创未来”第二届粤港澳大湾区（广东）算力产业大会暨首届中国算力网大会在韶关举办，由国内多地市联合发起的算力城市联盟正式成立（张令 摄）

技能人才0.9万人，技工院校每年培养输出大数据产业相关专业毕业生680人。

算力产业，不能打无准备之仗。

在韶关天子岭莞韶园，万株梅树掩映下，中国电子旗下的中电鹰硕华南数谷大数据中心早在2020年已动工建设。该项目负责人介绍，项目规划有3栋数据中心和1栋大数据研发楼，还将建设总规模为3万台的标准机柜。

此外，韶关市已与四大运营商、联想、中电鹰硕等12家企业签订投资协议，总投资近400亿元。中国互联网金融协会南方数据中心、广东省公安厅异地容灾备份中心、广东省档案馆异地异质备份中心等项目已落地韶关。

为打好“算力之城”这份工，韶关深知，得算“明白账”，当实干派，才能接住大机遇！

## 盘算"未来"，新的"千年通道"如何通达?

"走老路没有出路，走新路才是通途。"从"千年古道"到新路通途，寄托着韶关对未来的"盘算"。

2022年，韶关地区生产总值为1563.93亿元，同比增长0.2%，在广东省21个地级以上市中排名第15。这个位置、这样的增速，算力这条通往下一个千年的新通道，无疑也是发展之"道"、破局之"道"、制胜之"道"。

在韶关市发改局有关负责人看来，数据中心集群的建设对韶关经济社会发展有着非常大的促进作用，是韶关今后发展的"胜负手"，一定要把算力这篇文章做好。

这绝不仅仅是建设算力枢纽的"一次性投资"，而是抓住产业风口、瞄准算力全产业链开拓布局的长远之策——围绕硬件层、数据层、技术层、应用层、衍生层等，打造算力产业上下游、软硬件一体化生态。

韶关的平均气温属广东省最低，有利于数据中心节能降耗（南方+资料图）

为了让更多算力产业上下游企业选择韶关，韶关制定了《韶关市促进大数据产业创新发展办法（试行）》《加快促进电子信息制造业招商引资若干支持政策（试行）》，对企业入驻、运营、补贴等方方面面给予支持。

到2030年，韶关将形成技术实力领先、产业优势突出、特色应用引领、软硬发展均衡的产业体系，构建企业规模集聚、成果有效转化、品牌效应显著、配套服务完善、产业良性互动的发展环境，成为全国重要的数据中心产业先行区和战略高地。数据中心产业规模达到1500亿元，带动相关产业规模达到1万亿元。

“庾岭古难行，梅关千年通。”

一条联通湾区、贯通世界的“数据之路”正在开启韶关新的“千年通道”。

韶关，算准了！

21城21问

南方日报

河源
只此青绿？
河源，四季皆绿。但绿美河源的 GDP 在全省排位靠后，经济发展总在越坎爬坡，发展的烦恼与挑战，着实不小。守着青山绿水，不能简单理解为保守，厚实的生态“家底”，正是河源厚积薄发之基，蕴藏着巨大的潜力开发空间。河源，正“执此”青绿，奔赴更加富足的未来。

# 河源，只此青绿？

河源，满溢着一种颜色——绿。

逶迤纵横的九连山，层峦叠嶂，山青木绿；游人如织的东江画廊，一碧如洗，风景如画；近90万亩的油茶林，舒展枝芽，郁郁葱葱；声名远扬的万绿湖，更是“万山成一绿，万绿成一湖”。

绿则绿矣。但地区生产总值在全省排位靠后，经济发展总在爬坡越坎，发展的烦恼与挑战，着实不小。

老百姓要的朴素，要绿要美，更要共创的发展成果，共享的幸福生活。这个“既要又要”的考题，河源怎么破？

“紧扣高质量发展首要任务，加快实现绿色崛起。”2023年4月，广东省委明确提出河源发展的目标任务。

绿，在眼前；路，在何方？

## 为“绿色”让速？

生态保护与经济发展，一定“你死我活”吗？

这些年，绿色的河源，发展框在了“保护圈”内。“以牺牲经济发展为代价，来保护一方青山、一湖绿水，值不值得？”自然而然，这样的疑虑就产生了。

2022年河源市地区生产总值为1294.57亿元，比上年增长1.0%，同比增速比之上一年度的8%下降7个百分点。地区生产总值在全省的排名也不理想。

但这也有可能是一种“成全”——这些年，河源婉拒了500多个总投资600多亿元但不符合环保要求的工业项目落户。

为了生态，无可非议；但为了生存，甚至是为了更好地生存，河源究竟还有没有潜力可挖？

实际上，河源的三张“好牌”呼之欲出：

万绿湖（新丰江水库）湖区总面积1600平方公里，被誉为华南地区最珍贵的“软黄金”（黄赞福 摄）

区位好——河源是粤港澳大湾区辐射带动第一圈层城市，赣深高铁建成通车后，河源融入粤港澳大湾区“一小时生活圈”。

空间广——河源总面积相当于2个广州、8个深圳或14个香港。有3000平方公里的区域和珠三角地理结构完全一样，土地资源丰富，可开发建设的范围广阔，存在无穷的想象力。

资源优——河源万绿湖是国内为数不多的“优质饮用水资源开发基地”，石英石、稀土、铁矿、钨矿储存量全省排名第一，还有丰富的森林资源、温泉资源、旅游资源。

所以，守着青山绿水，不能简单理解为保守。只是，河源，要权衡利弊，也要酝酿时机：衡量高质量发展，需要一套相互关联、不可割裂的科学指标体系。不唯地区生产总值，不是不要地区生产总值。不以地区生产总值指标论英雄、比高低，但要以之为高质量发展的必要前提。

厚实的生态“家底”，正是河源厚积薄发之基，是最可靠的本钱，蕴藏着巨大的潜力开发空间。

河源市源城区埔前镇省级蔬菜产业园2019年获批创建，现有种植规模4500亩（黄赞福 摄）

## 万绿湖的水，怎么“吃”？

河源之名，缘何？

自然是水。河源市境内有近百条河流，还承载着广东的前两大水库。毫不夸张地说，这是一座水做的城市。

因水得名，因水闻名。“天上瑶池水，人间万绿湖。”央视总台《新闻联播》片尾节目《大美中国》中，河源万绿湖一亮相，就圈粉无数。

万绿湖的美毋庸置疑。如何把“美丽风景”变成“美丽经济”？靠水吃水，打通绿水青山就是金山银山的有效转化通道。

农夫山泉喝了“头啖汤”。2004年，农夫山泉落户河源，建立了在广东的第一个生产基地；2023年已成为年产值超20亿元、年纳税超亿元的龙头企业。“大自然的搬运工”广告语传遍全国，背后是万绿湖“国家一类地表水标准”的底气。

2023年3月，国内饮用水行业的另一龙头——华润怡宝落地河源，一座高标准规划的水经济产业园拔地而起，年产值超百亿的水经济产业正加速形成。

水产业、水经济站到了河源产业舞台的聚光灯下。以水为财、以水为媒，靠山吃山、靠水吃水的产业融合雄心，不言而喻。

从万绿湖风景区创国家5A级旅游景区工作入手，借助绿水青山的良好生态，河源全域旅游越来越红火。

水旺人气——2023年5月，星稻田音乐节“点燃”万绿湖的夏夜，众多著名音乐人齐聚，奉上一场音乐盛宴；水利万物——游客带“火”了河源的“古色”人文旅游、“红色”革命旅游、“绿色”生态旅游、“蓝色”湖水旅游、“特色”温泉旅游、“夜色”休闲旅游……2023年“五一”假期，河源游客接待数量同比2022年增长259.16%，同比2019年增长115.36%。

农夫山泉已在河源深耕19年，图为该公司自动化生产线（黄赞福 摄）

广东省紫金产业园被认定为省产业园，纳入省产业园管理（张令 黄从高 甘建楼 摄）

游客“用脚投票”，河源实现了“点水为金”。

河源的水，果然是“有点甜”！

## 绿富能双赢吗？

青绿为底，绿富双赢。

要在绿水青山和金山银山之间找到平衡点，走稳走好“绿富”双赢之路，必须有产业支撑。

河源产业发展的1.0版本，来自对产业转移机遇的积极捕捉。

近年来，河源大力推进产业转移工业园建设，建成1个国家级高新区和7个省级产业转移园，一跃成为全省省级产业转移园最多的地级市。近10年来，河源吸引超1300家企业落户，全市园区规上企业数量跃升到506家，完成工业增加值296亿元。更可贵的是，为了“青绿”，河源承接产业转移并非“来者不拒”，而是更看重其是否足够绿色。

如今，河源产业发展的2.0版本也已顺利上线。

2023年河源市政府工作报告在回顾2022年工作时，开篇就谈发展壮大产业，强调要以更扎实的作风和更务实的举措加快实现绿色崛起，切实挺起河源现代化建设的产业“脊梁”。

河源精心布局了“1+3”主导产业集群，即千亿级电子信息产业与水经济、先进材料、机械与模具等三个百亿级产业。经过孵化，这4个产业集群实现产值占规上工业总产值比重超过五成，成为工业经济主要增长极。

以制造业为牵引，河源立下“军令状”，要落实制造业当家“一把手”工程，推动河源国家高新区升级迭代，力争2023年全市引进超亿元先进制造业项目110个以上，推动2023年全市工业投资新增超21亿元，力争全年完成工业投资237.26亿元。

“融湾”“融深”步伐也在加快。梅龙高铁、龙寻高速公路、长深高速公路改扩建工程等交通项目稳步推进，全域全面现代综合交通运输体系正在加速构建。

…………

可见，青绿是“当然”，但绝不“只此”。

河源，正“执此”青绿，奔赴更加富足的未来。

参考文献：

[1] 河源市地方志编撰委员会.河源市志（上册）[M].北京：方志出版社，2012.

[2] 水做的城市[EB/OL].(2019-01-08)[2023-07-03].http://hy.wenming.cn/gdhy13/201901/t20190108_5639313.htm.

[3] 2023年政府工作报告[EB/OL].(2019-02-13)[2023-07-03].http://www.heyuan.gov.cn/zwgk/gzbg/content/post_536414.html.

21城21问

南方日报

梅州，热情好客、世界客都、名“客”辈出……近些年，梅州发展速度偏缓，有人说这是因为客家人保守。作为一个拥有“闯将”基因的城市，梅州怎么会真的保守？今天的梅州，正全力建设苏区融湾先行区。经济“稳”的基础持续夯实，“闯”的动能正在释放。

# 梅州，你真的保守吗？

梅州，一座“客”着很多标签的城市。

热情好客，源自梅州人以身为客；世界客都，因为500多万梅州籍华人华侨旅居海外；名“客”辈出，缘于黄遵宪、田家炳、李惠堂等一个个耳熟能详的名字……

耕读传家的客家人迁徙至此，大大的山，圆圆的屋，聚族而居，一路颠沛，难免形成防御心理；然而，客人开埠，从无到有，赤手空拳的客家人勇闯天下，岁月沧桑，日月流转，其志不移。

近些年来，梅州发展速度偏缓，经济总量在全省排名靠后。有人说，这是因为客家人保守，再加上此处山多林深，位置相对封闭，印象进一步“加固”。

梅州，真的保守吗？自远方来，往天下行，辛勤耕耘、生生不息，梅州怎么会真的保守？冲锋高质量发展，决战全面振兴，又怎能真的保守？

## 梅州“困”局

梅州，有“围龙之困”。

“客家族，源远长，迁自中原颍水旁。历千辛，经万苦，穿州过省到南方……”为躲避战乱与自然灾害，客家人五次迁徙，终至梅州，他们与山水为伴，靠山择居。逢山必有客，无客不住山。围龙屋，梅州民居的典型代表，迄今在梅州仍保留4000多座。这类建筑为团结本族、抵御外敌而建，具有强烈的“内向性”，因此成为了梅州人求稳保守的一项“物理依据”。

梅州，也有“发展之困”。

改革开放四十多年来，梅州人筚路蓝缕，山门不断打开，经济社会发生翻天覆地的变化。与此同时，梅州也深受发展瓶颈

百年围龙屋“一斗堂”（袁群华 摄）

之困，工业基础薄弱，经济总量堆头小，转型困局长期无法实现大的突破。自2008年起，梅州地区生产总值连续14年排全省第17位。2022年，梅州地区生产总值首次被汕尾超越，无疑让外界再次担忧梅州的发展速度。

在现代城市竞争发展中，地理区位或许是影响越来越大的显性因素，那些在国内领先发展的城市，大多具备了良好的区位优势。但与此同时，原中央苏区范围内，梅州、龙岩、赣州三地山水相连，历史地情相似，近些年来，赣州10项主要经济增长指标稳居江西第一，龙岩也跻身中国城市地区生产总值百强名单。

这些困局促发了梅州对“思想之困”的反思。

一个拥有“闯将”基因的城市，为何在改革开放四十多年的后半程，脚步逐渐慢了？

2023年开年，在一场高质量发展和苏区融湾先行区建设动员会上，梅州对市情做了深入剖析：欠发达仍然是梅州的最大市情。要解决梅州的发展问题，首先要解决好思想认识上的问题。

大会上明确指出，一段时间以来，梅州的发展更多是依赖转移支付、对口帮扶，内生动力长期不足；一些干部依赖心理严重，习惯拄着拐杖前行，找不到发展方向，存在“等靠要”思想。

思想观念保守，被认为是制约梅州发展的重要因素之一。

## “闯”出围龙

但是，梅州只有保守这一面吗？

从立志“让古老的中国不断革新跟上世界潮流”的黄遵宪，中国近代洋务运动风云人物丁日昌，到张裕葡萄酒创始人、南洋首富张弼士，到香港企业家、慈善家田家炳，“领带大王”曾宪梓……一代代梅州客家人，冲出围龙屋，走向世界，开辟了新天地。在他们身上，既有吃苦耐劳、低调务实的朴素品质，也有敢想敢干、敢闯敢拼的热血勇气。

传承着敢闯的基因，改革开放一路走来，梅州创造了属于自己的“高光时刻”。

20世纪90年代，梅州被树立为农业发展“东学梅州，西学高州”的典范，这一相对优势也被延续至今。2023年，梅州省级以上现代农业产业园26家数量全省第一，省级农业龙头企业154家数量全省第二。全国1/5、全球1/10的柚子，全省1/4的茶园，全省1/7的乳鸽，均出自梅州。

秉持着开放的理念，新时代竞标争先，梅州亦有着自己的奋斗故事。

2020年，梅州综合保税区成功获批，成为广东首个内陆型综保区，这让位处内陆山区的梅州对外开放水平和外向型经济迈上

梅州综合保税区（何森垚 摄）

了一层楼。2023年，梅州综保区落户项目已达24个，通关运行以来，进出口总额超13亿元。

近年来，梅州更是超前布局绿色产业，着力建设新型储能产业园，加快开辟新能源经济赛道，打造新型储能产业高地。2023年4月，梅州在广州举行招商会，向全国各地新型储能及上下游企业抛出“绣球”，现场共有9家企业签订意向投资60亿。

2022年以来，梅州全力建设苏区融湾先行区，着力在融入粤港澳大湾区现代产业体系、加快现代基础设施体系建设、促进与粤港澳大湾区要素流通共享、跨区域共建宜居宜业宜游优质生活圈等方面先行示范，努力把梅州建设成为赣闽粤原中央苏区对接融入粤港澳大湾区振兴发展先行区，赣闽粤原中央苏区对接融入粤港澳大湾区的门户城市和粤北地区区域性中心城市。

梅州新路，已在脚下。

## 一味地保守，不是梅州

今天的梅州，正全力建设苏区融湾先行区。

政策的东风吹来。自《支持梅州对接融入粤港澳大湾区加快振兴发展总体方案》获国家批复实施，梅州高质量发展的空间进一步拓宽。发力狠抓发展第一要务，突出实体经济和乡村振兴两大重点。经济“稳”的基础持续夯实，“闯”的动能正在释放。

2023年开年，梅州8个县（市、区）“一把手”围绕高质量发展和苏区融湾先行区建设表明信心决心，公开亮诺，明确行动方向，凝聚起抢抓机遇的梅州县域合力。

8个县（市、区）借“百县千镇万村高质量发展工程”重大机遇，紧扣打好“苏区牌”“客家牌”“融湾牌”，聚焦持续壮大县域经济、强化乡镇联城带村功能、建设富有特色的和美乡村等重点

梅州城区（何森垚 摄）

任务，主动加强与赣州、龙岩等周边地区、粤港澳大湾区的互动，进行更深层次、更宽领域的合作，实现互惠双赢、共同发展。

一味地保守，不是梅州的过去，更不是梅州的现在和未来。

2023年，梅州各级党政“一把手”率队，到北京、上海、广州、深圳、香港等地开展招商引资工作。据不完全统计，仅第一季度，梅州市、县两级主要领导开展各类招商会议和推介活动67场次，会见接待企业310多家次，带队外出对接企业和商（协）会160多家次……

2023年11月2日至4日，第六届世界客商大会在梅州举行，世界客都喜迎八方宾客，进一步加强与海内外客商及商会之间的联系、交流与合作，汇集世界客商力量，共襄老区苏区高质量发展。

客自天下来。

他们会在梅州，回溯客家人的筚路蓝缕，感念迁徙历史中沉淀于岁月的坚韧，感受奋斗路上涵养于四方的勇敢，品鉴客家人的特别浪漫——生生世世的拥围，红红火火的团圆，汇聚踏上新征程的智慧和力量。

## 参考文献：


[1] 奋起！苏区融湾先行区. [EB/OL]. (2023-05-17)[2023-07-04]. https://static.nfapp.southcn.com/content/202305/17/c7689593.html.

[2] 梅州市华侨志编纂委员会. 梅州市华侨志[M]. 2001.

[3] 广东省梅州市城乡规划局. 梅州古民居[M].汕头:汕头大学出版社,2012.

[4] 林振武,郑海麟,魏明枢,等. 黄遵宪年谱长编[M].北京:中华书局,2019.

21城21问

南方日报

又美又强
惠州能行吗？
惠州，天生丽质，恬静舒适中带着“小确幸”。慢节奏、安逸感，某种程度上羁绊了她前进的脚步。当粤港澳大湾区东风日劲，当高质量发展吹角连营，作为资源禀赋较好、毗邻广深的“万亿城市种子选手”，惠州能不能搬开拦路的“石头”，成就强大与美丽？
CRH

# 又美又强，惠州能行吗？

荔红时节，甜入心扉。人们在大饱口福之际，总会自觉不自觉地吟咏出苏东坡作于惠州的名句：“日啖荔枝三百颗，不辞长作岭南人。”

天生丽质，经济中等，恬静舒适中带着“小确幸”，是这座岭南名郡留给不少人的印象。慢节奏、安逸感，久而久之积淀为一种城市心态，某种程度上羁绊了惠州前进的脚步。

今时今日，粤港澳大湾区已被寄望打造为新发展格局的战略支点、高质量发展的示范地、中国式现代化的引领地，“再造一个新广东”、走在前列的号角嘹亮吹响。作为资源禀赋较好、毗邻广深的“万亿城市种子选手”，惠州如何摆脱“美丽羁绊”，跳出“中等生”的“舒适区”？怎样拿出更牛担当，交出各界满意的KPI（关键绩效指标）？

既要美又要强，惠州能行吗？

## 这方山水治愈了谁？

西湖、东江、罗浮山、巽寮湾……半城山色半城湖，赏心悦目的惠州，自古以来就带有“治愈”属性。

1600多年前，岭南道教宗师、医药学家葛洪就慕名来到罗浮山定居修道。在云深之处，他与妻子鲍姑遍尝百草，并著书立说，将生命之长春与道德之修炼，个人之延年益寿与社会之和谐安泰结合起来，福泽后世。

正是受葛洪医药著作《肘后备急方》启发，药学家屠呦呦研究发现了青蒿素，研发出抗疟新药，荣获诺贝尔生理学或医学奖。

900多年前，苏东坡因“讥讪先朝”的罪名被贬至岭南，安置于惠州。当地群众的淳朴热情，令他暂时忘了苦闷，在《十月二日初到惠州》中写下“仿佛曾游岂梦中，欣然鸡犬识新丰”。

好山好水、美食美景、好客乡亲……苏东坡因缘自适，很快融入惠州，为民谋福、寄情风物、快意文章。

“父老喜云集，箪壶无空携。”

“三山咫尺不归去，一杯付与罗浮春。”

“以彼无尽景，寓我有限年。”

…………

两年多时间里，苏东坡进入了又一个创作高峰，写下587首诗文，这些既是他盖世文才的彰显，也是惠风和畅的写照。

“问汝平生功业，黄州、惠州、儋州。”在惠州，苏东坡不仅留下了东新桥、西新桥、苏堤等肉眼可见的遗产，还带来了

惠州城区（王昌辉 摄）

俯瞰惠城区（王昌辉 摄）

比肩中原地区的文化审美，注入了豁达敦厚、重教兴文的精神因子。正如清代诗人江逢辰所言：“一从坡公谪南海，天下不敢小惠州！”

苏东坡在惠州找到慰藉，这方山水也因苏东坡而名扬天下。

在文化学者王鲁湘看来，“葛洪和苏轼是惠州人文的两个源头”。

历史上，惠州一直是东江流域政治、经济、军事、文化中心和商品集散地，山水之秀、人文之美交融沉淀，孕育出了惠州包容四海、崇文厚德、敬业乐群的精神品质。

如今，凭借高颜值、舒适性，惠州拿到了许多国家级、省级的荣誉、牌子，也吸引了不少“粉丝”，每逢节假日，省内外的旅客不约而同奔赴惠州的山海，放飞自我。

## 怪你过分美丽？

建市35年来，惠州经济社会发展取得了显著进步，经济总量和财政收入稳居全省第5位。

放在广东21个地级以上市中来看，这个成绩“比上不足，比下有余”；置身粤港澳大湾区东岸的参照系中，用苛求的眼光看，是否要“怪她过分美丽”？

“惠州的优点是舒服，缺点也是舒服。”有网友含蓄指出，四平八稳、安于现状的心态，拖慢了她的前进步伐。

其实，惠州的前身是惠阳地区，曾下辖宝安、东莞、增城等10多个市县，在珠三角东部是名副其实的“老大哥”。1988年，惠阳地区撤销，惠州市正式诞生。抢抓改革开放的风口，“小兄弟”深圳、东莞“单飞”后即腾飞，把惠州甩在了身后。

这段故事杂陈着五味。“80年代看深圳，90年代看惠州。”这是20世纪90年代很响亮的一句口号，借着熊猫汽车城、南海石化项目等大项目计划入驻的喜讯，惠州戴上了巨大的光环。据当时的媒体报道，全国各地的热钱涌入惠州，土地房地产开发热火朝天。一系列的大利好，让惠州隐隐有了叫板特区深圳的底气。然而，好景不长，泡沫破裂，项目告吹，曾被捧为“第二个深圳”的惠州顿时褪去了光环。

一些尖锐的反思曾在惠州人脑海中打转。除了时运以外，惠州过去的发展大体有这么几个“绊脚石”：

定力不足。在你追我赶之中，老惠阳地区的“优越感”被消磨掉了，惠州与周边深莞等兄弟城市的差距有拉大之势，不免乱了阵脚，少了自信。

闯劲不够。以曾辉煌一时的民营经济为例，后期没能跟上

大亚湾石化区一角（大亚湾开发区供图）

转型升级大潮，仅有TCL、亿纬锂能等民企挑大梁，总体规模不大、活力竞争力偏弱，营商环境有待优化。有些群体觉得城市发展处于安全区、舒适区，差不多就行。

办法不多。认为“大树底下好乘凉”，在发展上依赖深圳，耽于守成，在工作上平均用力、缺乏创新，在产业承接中落于下风。深圳发展到一定阶段后，制造业呈现“溢出效应”，但一些“三来一补”制造加工企业并没有选择惠州。

## 与未来约“惠”

世易时移，当粤港澳大湾区东风日劲，当高质量发展吹角连营，惠州能不能搬开拦路的“石头”，成就她的强大与美丽？

其实，惠州是可以不设限的。

看经济总量，刚刚迈过5000亿大关，已经明确要用5年左右时间，成为广东第五座地区生产总值破万亿的城市。放眼粤港澳大湾区，惠州是东岸面积最大的城市，块头大、空间广、潜力足，具备一定比较优势，可以为大湾区拓展发展的腹地和纵深。

看产业结构，曾经“村村点火、户户冒烟”的小、散、乱情况已然改变，集中集聚程度显著提高，基础日益扎实。2023年以来好消息不断：总投资超100亿美元的埃克森美孚惠州乙烯项目取得重大建设进展，其大亚湾研发中心动工；总投资521亿元的中海壳牌惠州三期乙烯项目破土动工……惠州正集中力量资源打造“3+7”产业园区，即3个国家级园区、7个县（区）的千亿级工业园区，发展壮大“2+1”现代产业集群，即石化新能源材料、电子信息以及生命健康产业集群，同时紧追风口，发展新型储能产业。

看区域环境，惠州毗邻广州、深圳、香港等湾区核心引擎，只要让地利真正变为红利，让“虹吸效应”化为“双向奔赴”，便能催生后发优势。

看内部发展，惠州地广人稀，下辖两区三县，城乡区域发展水平不一，短板也意味着潜力板；常住人口刚过600万人，未来载量大；县域经济实力初显，发展空间广阔。

惠州目标已定：打造广东高质量发展新增长极、加快建设更加幸福的国内一流城市！这至少离不开四句话。

——决然跑出“舒适区”。

功崇惟志，业广惟勤。自强者恒强，前面的“优等生”都在拼，“中等生”惠州更得拼，要抛掉安逸感、破除满足感，摒弃守的心态、振奋创的精神，在改革创新中再闯新路，在苦干实干中再创新业。

——坚定挺起“硬脊梁”。

新增长极必有真功夫。中山大学岭南学院教授林江指出，惠州应进一步形成增强产业集群效应，着力延链补链强链，厚植制造业当家优势。此外，要培育出更多骨干企业，形成“明月当空”与“繁星满天”交相辉映的多样化生态，为再造一个新惠州提供强力支撑。

——用功弹好“协奏曲”。

竞合之中见真章。只有在大湾区建设中作出新担当，才能打开新空间，赢得新发展。惠州需要进一步练好内功，系统推进“百县千镇万村高质量发展工程”；在区域协同联动发展上持续发力，与兄弟城市在交通、产业、科技创新等方面形成资源共通、优势互补、成果同享的良性机制。

风景秀丽的罗浮山景区（王昌辉 摄）

——用心念好“人才经”。

舒适宜居固然可以吸引人们来休闲、养老，但要真正留住人才特别是高素质年轻人就业创业、安家落户，除了靠实打实的产业支撑，还要强化用户思维，结合人口增量提前规划布局，提供更多更优质的教育医疗等刚需服务。“惠民之州”幸不幸福？民众最有发言权。

时已至，势已成。

惠州，唯有快起来，冲起来，才能约“惠”更好的未来！

参考文献：

[1] 不辞长作岭南人！苏东坡的惠州情缘. [EB/OL].(2023-01-11)[2023-07-05].https://mp.weixin.qq.com/s?__biz=MzA3NDEyODkyNA==&mid=2649832852&idx=3&sn=fda9225cf6990ef60e8f98cbb046ea8a&chksm=870116e7b0769ff11f356f55aa6acf29a1b6a0ecc427cf33ee65b35e30b59fad54458aed4863&scene=27.

[2] 惠州大亚湾石化区：百亿项目支撑世界级产业高地加速崛起. [EB/OL]. (2022-08-02)[2023-07-05].https://static.nfapp.southcn.com/content/202208/02/c6747513.html.

[3] 惠州全市市厅级、县处级主要领导干部专题研讨班开班. [EB/OL]. (2022-05-09)[2023-07-05].https://static.nfapp.southcn.com/content/202305/09/c7662846.html.

21城21问
南方日报

汕尾
迎头赶上了吗？
存在感较弱、经济排名相对靠后，一度是汕尾的“痛点”。在高质量发展的赛道上，能否迎头赶上？汕尾以“善美”之城营造“城人之美”，以“蓝色引擎”筑造“腾飞之翼”，以双向奔赴加速融入湾区。在创下过去三年全省第一的GDP平均增速后，今年要继续争先进位。人们发现，汕尾确实不一样了。

# 汕尾，迎头赶上了吗？

汕尾，正被越来越多人看见。

2023年，汕尾不乏媒体关注、游客打卡。端午假期，当地接待游客同比增长339.33%，旅游收入同比增长273.19%。

存在感较弱，一度是汕尾人的一念“揪心”。人们也许听过“天上雷公，地上海陆丰”，但对汕尾本身知之甚少。自1988年建市，汕尾经济排名相对靠后，还有人“苦中作乐”道：“汕尾汕尾，尾巴的尾。”

写文章，讲究“凤头猪肚豹尾”，“豹尾”即精彩有力，雄劲潇洒。汕尾的文章，怎么写？在高质量发展赛道上，汕尾能否迎头赶上？

## “天上雷公，地上海陆丰”

其实，汕尾也曾声名显赫过，不过是以“海陆丰”这个别称。

作为广东唯一一个全域革命老区，海陆丰革命老区是党领导的最早的大规模农民运动重要发源地、中国第一个苏维埃政权诞生地。在汕尾，“敢为人先、依靠群众，敢于斗争、无私奉献”的海陆丰革命精神深入人心。

“天上雷公，地上海陆丰”这句俗语的本意，也是为了褒扬汕尾人的性格像雷公一样正直果敢。然而，在追求发展的一段时期里发生的一些违法犯罪活动，让汕尾的“形象分”打了些折扣。“天上雷公，地上海陆丰”的内涵发生了变化。乡贤有爱，却只愿捐款，不敢回乡创业，对软环境存在顾虑。

问题不去正视永远是问题。革命老区，拿出了刀刃向内的魄力和勇气，自我检视、自我革命。

汕尾深知，平安与经济缺一不可。为了抓好“两张报表”，汕尾把“平安”摆在重中之重，创新构建“田字型”基层治理体系，将治理重心下移，让矛盾纠纷化解在基层、解决在萌芽状态。

“我们选出素质好、作风正的村‘两委’干部队伍，带领村民走好正道；全村划分成14个网格，村干部、驻村干部、党员志愿者等作为网格员，及时跟进解决群众诉求。”曾经的“毒村”汕尾陆丰市博社村，通过这样的方式做好打击毒品违法犯罪工作，将各类诉求、纠纷、隐患解决在基层。

如今，老样子不再，博社村实现“美丽蜕变”，在2021年获评广东省“民主法治示范村”。汕尾各项治安指标持续优化，连续三年制毒案件“零发生”，正全面创建全国禁毒示范城市。

这是汕尾之变的一个缩影。“善美”之城，需要广结善缘，方有“城人之美”。其中，营商环境尤其不能成为“环境硬伤”。

汕尾人以诚相待，以心相交。在汕尾市政务服务中心，“最

博社村俯瞰像一只飞向大海的风筝，曾经荒废的土地变成良田美池（罗一飞 摄）

多跑一次，服务零距离”等标语挂在最醒目的位置，营商环境改革4.0版堪称“店小二”式服务，让企业感受到“我比人家办得好、我比人家办得快”的实惠。

“家乡的营商环境越来越好，我们也更有信心回来投资创业了。”仁恒置地董事局主席兼总裁钟声坚这样说道。

“奔向海陆丰，人生更成功！”2023珠三角与粤东西北经贸合作招商会上，汕尾向广大客商发出邀请，承诺将拿出最硬的政策、最佳的资源、最优的环境，为企业提供最好的服务，带来最大的回报。

## 蓝色引擎

据说，汕尾还曾有“汕美”之名。

美，来自老天爷赏饭吃。汕尾拥有得天独厚的海洋资源，海岸线长达455公里，位居全省第二、粤东首位；海域面积2.39万平方公里，是陆地面积的4.5倍；海风资源丰富，是开发海上风电、打造海上风电产业基地的“首选地”；遍布海岛881个，是广东海岛最多的地级市……

但一直以来，汕尾海洋产业存在第一产业优势明显，第二、第三产业偏弱的问题。

这些年来，汕尾提出“发展海岸经济，崛起蓝色汕尾”战略。以港口物流业“活海”、以临港产业“富海”、以加工制造业“兴海”、以滨海旅游业“旺海”、以海洋水产业“赶海”，“五龙闹海”，汕尾要打好这张海岸牌，走出“捧着金饭碗要饭”的窘境。

在广东擂响海洋强省建设的催征金鼓声中，海洋资源优势正是汕尾高质量发展优势。

在汕尾海洋工程基地的机器声里，三个“全球第一”诞生了：全球最大的18兆瓦的海上风力发电的主机、全球最大的16兆瓦的漂浮式的海上风力发电的主机、全球单支叶片最长的128米的叶片。

在汕尾龟龄岛东海洋牧场示范区的水下，2000多个人工鱼礁矗立海中，成为鱼虾畅游的“水下森林”。

在金町湾、红海湾、金厢滩的沙滩上，游客络绎不绝，自启动“中国滨海休闲旅游最佳目的地”创建以来，汕尾游客数量、旅游收入均实现倍数增长。

海洋牧场发展前景广阔，海上风电产业加速崛起，滨海旅游品牌持续擦亮……汕尾经济发展的“蓝色引擎”，已被全面激活。

一产优、二产强、三产活，“蓝色经济”助推汕尾经济增速加速跑。2020年、2021年，汕尾地区生产总值增速连续两年位居全省第一、多项主要经济指标增速居全省前列。2022年，汕尾经济总量跃至全省第17位，实现“砍尾”。

2023年2月召开的中国（汕尾）海洋经济产业大会，更是吹响了汕尾经略海洋推动高质量发展的新号角。大会上，总额逾600亿元的20个投资项目完成签约，会议提出，汕尾要在绿色能源、临港制造、深海养殖、港航物流、滨海文旅等海洋产业全面开花。

海洋产业集群的崛起，为汕尾经济发展插上了“腾飞之翼”。

因海而生的汕尾，正向海图强。

## 汕尾，不一样了

2023年广东的“新春第一会”——全省高质量发展大会上，汕尾立下7%以上的地区生产总值增速目标，这意味着过去三年里创下全省第一的地区生产总值平均增速后，汕尾要继续保持在全省地区生产总值增速的“第一梯队”，实现争先进位。

向高处攀登，要保持发展定力，与强者同行，与快者赛跑。

从2008年因成立深圳（汕尾）产业转移工业园结缘，到2011年设立深汕特别合作区，开启“飞地经济”改革试验合作，再到2013年深圳全面对口帮扶汕尾……“特区带老区”的动人佳话在不断上演。

区域协调发展的改革试验也在不断提档升级。汕尾以“规划共绘、设施共建、产业共兴、资源共享、机制共活”为主抓手，全面接轨深圳，2023年市政府工作报告也明确——“全面接轨深圳，深度融入‘双区’和横琴、前海、南沙三大平台建设”。

单向帮扶正在向双向奔赴转变。深汕合作拓展区就是一个

中广核汕尾甲子50万千瓦海上风电机组正迎风发电（石磊 摄）

鲜活案例。如果说深汕特别合作区是把“特区”搬到了汕尾“家门口”，那么深汕合作拓展区就是把“特区”搬到了汕尾“家里面”，特区带动老区，老区支持特区，树立区域深度合作先进典范。

拓展区位于海丰县城西北部，距深汕特别合作区中心约30公里车程，规划面积112.5平方公里，布局有天星湖智造产业园和金山科技产业园“两园”。基于深汕特别合作区全力打造世界一流汽车城的背景，天星湖智造产业园将规划建设新能源汽车产业配套服务基地，全面承接新能源汽车的上下游配套产业。金山科技产业园则重点发展新一代电子信息和高端装备制造产业，布局汽车电子、消费电子、通信设备、液晶显示、高端印制电路板等新一代电子信息产业。

合作不止于深汕。

汕尾向东还可全面对接汕头、携手汕潮揭，依托沿海经济带产业发展布局，着重强化在电子信息、能源石化、文旅产业方面的协同合作，努力实现优势互补、互利共赢。

汕尾也正成为大湾区的产业转移承接地、产业链延伸区、产业集群配套基地。暨南大学经济学院教授谢宝剑认为，未来汕尾要持续优化营商环境，实现与粤港澳大湾区的营商环境软联通，成为大湾区企业发展的首选地。

在吸引珠三角产业有序转移的同时，汕尾还创新机制，鼓励企业加快融入粤港澳大湾区的创新生态。在深圳寸土寸金的南山区里，设立了一块属于汕尾的研发飞地——创新岛，“研发设计在深圳、转化落地在汕尾”。

在建市35周年的2023年，汕尾迎来首季经济“开门红”——

深圳—汕尾共建产业转移合作园区（图片来源：深圳特区报）

第一季度以7%的经济增速领跑全省，前五个月新增注册企业同比增长近10%……

人们发现，汕尾确实不一样了。来自深圳的规划团队感慨，因为汕尾发展很快，2022年的卫星地图已经跟不上实际建设速度。

但也许，这才是这方热土这方人的本色——

目光坚定，迸发渴望；勇立潮头，弘毅刚强；无惧风浪，一“尾”以航！

参考文献：

[1] 汕尾：砍尾之后迎头赶[EB/OL].(2011-02-10)[2023-07-06].https://news.sina.cn/sa/2011-02-10/detail-ikmyaawa3288859.d.html?from=wap.

[2] 刘妙品,姚琴.汕尾市海洋经济发展规划评估与展望[J].合作经济与科技,2022(11):16–18.

[3] 廖学谦.建设“海上汕尾”的思路与对策[J].农村研究,1994(2):38–41.

[4] 杨绪松.全域谋划 经略深耕 打造蓝色经济带[J].广东经济,2017(8):6–9.

[5] 深汕携手 打造“特区＋老区”高质量发展新样板：深圳对口帮扶汕尾工作综述之三[EB/OL].(2023–06–02)[2023–07–06].http://www.shanweinews.net/shanweinews/jrgz/202306/2a2bb7898b034533af0b0a53cff193b6.shtml.

[6] 老区新貌|“经济洼地”跑出“汕尾速度”：海陆丰革命老区高质量发展观察[EB/OL].(2022–04–19)[2023–07–06].https://h.xinhuaxmt.com/vh512/share/10743712?d=1348a03&channel=weixin.

[7] “天上雷公，地下海陆丰”？今天，我们为海陆丰人正名[EB/OL].(2023–05–15)[2023–07–06].https://static.nfapp.southcn.com/content/202304/21/c7596025.html.

[8] 春风浩荡征途新，向光而行脚步疾：汕尾推动高质量发展在万马奔腾中奋勇争先[EB/OL].(2023–03–07)[2023–07–06].http://www.shanweinews.net/shanweinews/hlgc/202303/fd406eb33a1041b9af82cce02bb8f0bc.shtml.

21城21问
南方日报
东莞
世界工厂
如何"潮变"?
过去提及东莞，外界的印象总离不开工厂、流水线、打工仔打工妹等高频词。这些年，人们发现世界工厂在变：产业更新、人口更灵、城市更活……怀揣"大湾区科创制造强市"的抱负，一场"潮变"，正在重新定义世界工厂。

# 东莞，世界工厂如何『潮变』？

东莞是一座什么样的城市?

从“三来一补”起家，以“世界工厂”扬名。

过去，每每提及东莞，外界的印象总离不开“工厂”“流水线”“打工仔”“打工妹”等高频词。这些年，人们发现世界工厂在变：产业更新、人口更灵、城市更活……

怀揣“大湾区科创制造强市”的抱负，一场“潮变”，正在重新定义世界工厂。

## 莞式“逆袭”

“埋头苦干，一不小心成为了历史。”曾任太平手袋厂第三任厂长的唐志平的“云淡风轻”，是东莞制造拼出来的“江湖地位”所赋予的。

1978年7月，中国内地第一家“三来一补”企业——太平手袋厂在东莞虎门正式投产。《南方日报》报道称：小小手袋厂一根拉链拉开了中国改革开放的序幕。

“三来一补”，改变了东莞的经济结构，也揭开了引用和利用外资的序幕，人、财、物从中国香港、中国台湾等地如潮水般涌入，落后贫瘠的农业县摇身一变，成为“东莞塞车，全球缺货”的“世界工厂”。

然而，较早享受到春江水暖的利好，也可能最先经历风雨袭来的考验。

2008年，国际金融危机呼啸而至。“倒闭潮”“失业潮”……似乎所有悲观的消息都与这里有关，东莞一时间成为舆论的风暴眼。

产业结构单一，外向依赖度太高；没有自主品牌技术，长期处于产业链低端微利经营……面对现实，老路子，走不下去了。

东莞，开始了自我救赎。首先在产业升级上下狠功夫。一手转型低端产业，盘活存量，一手引进大批新兴产业，引入增量，一改“满天星斗、不见明月”的窘境。

10年间，智能手机成为东莞电子信息产业龙头。OPPO、vivo、华为等智能手机企业带领东莞电子信息产业集群成为万亿级“巨无霸”。2018年前后，全球每四部手机，就有一部产自东莞。

“一业独大”带来了光环，却有着抗风险能力弱的隐患。随之而来的终端需求变化、产业链波动等因素，使智能手机产业持续承压。统计公报显示，东莞2021年手机产量下降24.7%，出口金额下降14.1%；2022年手机产量下降19.4%，出口金额下降30.2%。

图为vivo生产车间（2021年5月24日）（孙俊杰 摄）

再遇风雨，东莞决定逆风翻盘，开启“逆袭”。

锚定“第二增长曲线”，储能产业率先成为东莞新一轮产业升级突围的“新能源”。

虽然没有龙头整车厂商，但东莞有一条锂链、一块储电。新能源汽车锂离子电池生产上游设备材料生产、中游加工组装制造、下游应用等全链条，东莞有；储能相关产业链上下游企业，东莞也有。2022年，东莞新能源产业集群实现营收667亿元，未来两年还有望突破千亿规模。

另一个画出“潮变”弧线的是玩具产业。

东莞本就是世界最大的玩具出口基地之一。2018年起，东莞企业切入潮玩赛道，成功打造一系列火爆的原创潮玩IP（知识产权）。5年后，玩具产业营收翻了近三番，从“微笑曲线”底端向设计、营销两端攀升。从城市潮玩雕塑地标，到世界杯、冬奥会吉祥物的设计生产，世界工厂很潮。

## 哪些人在东莞?

20世纪90年代初风靡一时的电视剧《外来妹》在东莞拍摄，也成了这座城市的一张“标签”。

在城镇化“上半场”，产业发展吸引大批人口涌入，推动城市繁荣。外来妹、外来哥聚集在“世界工厂”，生产出了占全球1/3的“潮玩”、1/4的手机、1/5的羊毛衫、1/10的运动鞋。

他们惊人的活力，影响了东莞经济的“晴雨”。当年，“辣椒指数”备受关注，因为湖南、江西、四川等嗜辣省份的外来工是其中主力，指数高意味着人气旺、经济好。

如今，东莞的另一项指数在攀升——奶茶咖啡指数。第一财经的消费报告显示，东莞咖啡门店数位居全国TOP 15，重点商圈茶饮店全国第一；每千人拥有茶饮店1.42家，密度全国第一。

透视这一现象，背后是东莞的产、城、人之变。

曾经的东莞像一座大型工业园，生活气息、文化氛围相对不足。

如今的时势大不相同，东莞的产业在升级，人口结构也在变化。

创新的城市，吸引了更多“最强大脑”——在松山湖科学城，中国首台、世界第四台散裂中子源完成9轮开放共享，完成超1000个科研课题，常年有超50位院士专家和2000多位科学家进行科学研究；松山湖溪流背坡村是华为全球最大的研发基地，2万名科学家、工程师、程序员在风景如画的“欧洲小镇”

坐落在东莞市的中国散裂中子源科学中心（姚志豪 摄）

工作……

“智造”的东莞，拥有了更多高技能人才——2018年，东莞开始实施百万劳动力素质提升工程，帮助外来工持续提升技能、学历。2022年，全市技能人才达到129万，占就业人员总数24%，“技能人才之都”迈进2.0版。

对比六普、七普数据，东莞每10万人中拥有大学文化程度的数量，由7103人上升为13241人，翻了近一番。2022年，东莞人才总量达282.9万，其中高层次人才达20.5万。

工程师、研发人员与技能人才一道，成为东莞企业的中坚力量。

而且，东莞还有“青春本钱”。作为全国“第二年轻”的城市，东莞人口平均年龄仅33.4岁。16—35周岁的青年人数超575万，占全市总人口42.13%。

2022年中国城市人才吸引力榜单上，东莞排名16位，“95后人才吸引力”排名第14位。

## 不一样了

人之变，带来了城之变，也打开了东莞人全新的生活方式与文化需求。

东莞，更“潮”了！CBA热度持续走高、“扒龙船”火爆全网、“国宝归来”登上热搜……

面子火了，里子也实了；线上“爆”了，线下也更旺了——

文化空间在“潮变”。为解决公共文化面临的覆盖质量不高、服务效能不足、城乡发展不平衡等问题，东莞以“构建遍布城乡、高雅精致的新型公共文化空间体系”破题，2023年起实施

2023年3月1日晚，随着中国男子篮球职业联赛恢复主客场制，广东宏远队回到东莞篮球中心，在现场1万多名球迷的助威声中取得胜利（姚志豪 彭博 摄）

“四馆一剧院一空间”工程。由何镜堂院士操刀设计的东莞市博物馆新馆项目即将动工，预计到2026年底全市将建成400个以上新型公共文化空间。

文化产业在“潮变”。此前，东莞几乎没有叫得响的文化产业，一骑绝尘的竞技篮球实力也尚未结出产业硕果。对此，东莞提出重点招引创意设计、数字文化、综合文旅、现代体育等项目，力争到2026年，全市文化产业增加值占地区生产总值比重超6.5%，年旅游总收入超680亿元，体育产业总规模达700亿元。

文化科技在“潮变”。拥有大数据、云计算、人工智能等产业技术基础的东莞，正在打开“文化+科技”的更多可能，当前，东莞鼓励发展电竞游戏、影视动漫、交互娱乐等行业，推动松山湖高新区创建国家级文化和科技融合示范基地，文艺精品创作数字化利用、传统文化数字化转化的探索也在推进。

…………

这不是为了简单对冲“文化沙漠”这些负面评价，而是，东莞真的不一样了，也必须不一样。

她向世界递出了新名片：东莞，创造精彩之城！

参考文献：

[1] 东莞，正在变身“中产之城”！[EB/OL].(2022-12-18)[2023-07-07].https://mp.weixin.qq.com/s?__biz=MzA3MTYyNTkxOA==&mid=2651705996&idx=2&sn=1e514dd3d8a51cef2921b54f9e016a8b&chksm=84d3cf5db3a4464b8e8ba2bbd3a30ac265ffba3cf3daa56a995d95a877895e3a43fae284eb76&scene=27.

[2] 东莞40年：“世界工厂”的进与退|改革开放四十周年·出发地⑦[EB/OL].(2018-07-16)[2023-07-07].https://m.jiemian.com/article/2304609_qq.html.

[3] 中共东莞市委政研究（市委改革办），南方城市智库.东莞40年 1978—2018[M].中共东莞市委政研究（市委改革办）,南方城市智库,2019:3-64.

[4] 熊丽,郑杨,郭子源,等.东莞豪迈[N/OL].经济日报,2022-05-09[2023-07-07].http://paper.ce.cn/pc/content/202205/09/content_253579.html.

[5] 张明之.“世界工厂”变迁的文化动因：文化何以主导制造强国变迁[J].河南社会科学,2011,19(6):89-94.

[6] “手机之城”东莞如何竞逐“新能源之都”？[EB/OL].(2023-

05−26)[2023−07−07].https://static.nfapp.southcn.com/content/202305/25/c7723639.html.

[7] 东莞进化论，从巨型工厂到千面之城[EB/OL].(2022−11−11)[2023−07−07].https://mp.weixin.qq.com/s?__biz=MzA4OTk3NjEzMw==&mid=2650336630&idx=1&sn=1da545b790b30022faf1b0ecc8da47f4&chksm=881ef15cbf69784abf5ecbdffffcb0d40ab5bebfb4e6f9fc30e5aa163b3aa97c596a8513f43c&scene=27.

21城21问
南方日报

中山
敢问路在何方？
中山，制造业是这座城市的家底。专业镇经济曾带动“中山货”路通四海，如今全新的“十大舰队”领航再出发，“中山造”澎湃创新动能。转型升级之下，中山擦亮“宝刀”，再赴新途。

# 中山，敢问路在何方？

中山，因纪念革命先行者孙中山先生得名，勇于探路、敢为人先的精神将此城深深浸润。

从“联产到劳”的生产责任制改革，到中国第一家中外合作酒店的诞生，中山曾引领改革开放风气之先。

专业镇经济兴起，“中山货”路通四海。畅销的灯饰、家电、服装为她赢得“中国灯饰之都”“中国家电品牌基地”等38个国家级产业基地称号，一度让这座城市跻身“广东四小虎”，高速发展之路由此铺开，制造业之光因此点亮。

然而这些年，在高质量发展的征程上，中山面临土地瓶颈、产业转型升级等问题制约，能否跑出新速度？

在城市竞争趋于白热化的今天，产业上不去，特别是制造业上不去，城市发展之路走不实，未来更走不远。

若以此破题，敢问中山，路在何方？

## 中山制造，宝刀未老？

2022年，乌兹别克斯坦上合峰会主会场撒马尔罕旅游中心，绚丽的灯光映亮了这座中亚古城。这背后，有中山古镇照明企业的一臂之力。

灯饰照明，是中山传统制造业的一颗明珠。中山市古镇镇灯饰产品销量占国内市场份额超七成，年销售总额超千亿元。

20世纪80年代，中山能与东莞、顺德、南海并称“广东四小虎”，灯饰、家电、五金、服装等专业镇传统产业的兴旺立下汗马功劳。这一直是中山了不起的家底。

当时的中山，以市属公有工业企业“十大舰队”出海，乘风破浪，蜚声中外。

但是，盛名之下有隐忧：生产端低效、需求端饱和，产业形态低端，产业结构、区域结构、要素投入存在结构性问题，转型升级后继乏力。

比如，“一镇一品”的产业集群模式尽管专业化程度较高，但彼此缺乏内在联系，相互间鲜有合作，处于低水平的产业集聚形态。在镇域行政区划体制下，镇街各自为政，土地开发利用碎片化、低效化，镇域之间产业相似，同质化竞争激烈，这些都不利于资源的整合和高端要素的再配置。

广东省社科院竞争力研究中心主任丁力曾用三明治里的火腿肉比喻珠三角企业共同面临的夹心困境：一边要和发达国家比产品质量、性能，另一边要和东南亚国家竞争生产成本。

中山何尝不是？企业以中小型为主，产业优势较小，对高

奥马冰箱自动化车间（叶志文 摄）

端要素缺乏吸引力和承载力，面对市场和经济的周期调整承压不足。

传统制造业这柄“宝刀”还能不能行？中山为其“拂尘拭灰”。

首先拥抱数字浪潮。2022年，中山推动596家规上工业企业实现数字化转型，占全市规上工业企业数超12%。

接着进行生产流程再造。比如在照明龙头企业引入全流程数字化可视化管理，使每条生产线、每台设备情况尽在掌握。

最后是打通“端到端”价值链。突破实体工厂的范畴，数字技术应用在整个价值链发力，工厂订单交付周期缩短，产品上市速度提升。

为破解发展动能不足难题，中山还从根子上下了“一剂猛药”——工业投资连续大幅增长，近三年分别达49.8%、31.6%和20.4%。2023年上半年，中山工业投资同比增长50.8%，增速比

威法家居数字化车间（叶志文 摄）

第一季度加快7.7个百分点，占固定资产投资的比重从上年同期的23%升至36.8%，其中工业技术改造投资增长25.1%，占比升至12.3%。

“宝刀”锃亮，“血脉”贯通，供应链优势凸显，市场顿时四通八达：2023年，产值近2000亿的中山智能家电产业集群，出口订单取得恢复性增长。奥马冰箱占据欧洲市场超30%份额；第133届广交会上，老牌家电制造企业东菱威力现场签下近8000万元订单。

这才是中山制造，风采依旧，又生机勃发。

## “新舰队”破浪

市场如海，企业如舟。

沉浮于时与势的波涛汹涌，曾让中山引以为傲的“十大舰队”，命运迥然。产品陈旧、市场萎缩、成本高企……一些偏航者遭遇“触礁”，甚至“不幸搁浅”。

比如，威力、小霸王、凯达等曾声名显赫的行业龙头，因没有积累下优势技术，未能抵御冲击。这些龙头企业的衰落，直接影响了中山一段时间的发展速度。

中山制造必须发展出更新更广的内涵，打造出更专更精的产品。必须掀起一场“质”的变革。

全新的“十大舰队”应运而生。这是中山现有存量最大、知名度最大、潜力最大的产业集群，涉及新能源、生物医药与健康、新一代信息技术、光电光学等，产业集群总产值约有7000亿，撑起了整个中山制造。

新能源产业正担当着领航的使命。2022年，产业龙头明阳集团成为首个进军欧洲、日本市场的中国风电整机厂商，海外营收增长超600%，如今正朝着世界500强的目标迈进，“在梦想开始的地方延续新的梦想”！

对医药行业“皇冠上的明珠”创新药研发，中山同样志在必得。在中山国家健康科技产业基地，创办仅11年的康方生物，已开发超过30个拥有完全自主知识产权的全球首创、同类最佳的创新候选药物，成为国产创新药“出海”的代表。

延续“光”荣传统，中山“换种姿势”，继续“追光”。在中山火炬高技术产业开发区，光学专家龚俊强创立的联合光电，已占有全球高端安防镜头市场90%以上份额。让中山拥有建设国家光电产业聚集地的底气。

…………

2023年上半年，中山先进制造业投资增长71%，高技术制造业投资增长73.9%。电气机械和器材、计算机、通信和其他电子设备及医药等制造业均取得较大增长，中山制造迈向更高层次。按现代产业看，先进制造业增长7.9%，占规上工业的比重为50.1%；高技术制造业增长7.1%，占比为15.8%。

今日，中山造，澎湃创新动能；中山货，再次风行天下。

## 踏平坎坷成大道

人口因产业而聚，产业因人才而兴。

中山制造曾带来大量人气。从1990年至2020年，这座面积不到1800平方公里的城市涌入超过300万人口，是1990年常住人口的2.5倍以上。近10年来，中山常住人口年均增长2.59%，高于全省平均水平。

人口规模的扩张，是城市吸引力的说明，而人才结构优化，则是高质量发展的根基。

广东财经大学教授、博士生导师黎友焕曾直指中山在高端人才发展环境方面存在短板。如何将“人口红利”变成“人才红利”？

2022年，中山印发《中山市新时代人才高质量发展二十三条》，全面实施“中山英才计划”。2023年，中山首次推出竞争性人才项目，聚焦加强企业人才体系建设，首次将支持对象从“人”扩大到“人才工作阵地”。

中山，正成为越来越多人才的选择。

中科中山药物创新研究院2023年毕业的27名硕士研究生中，近三成选择留在中山发展，加入中山生物医药产业；长春理工

中山城区（叶志文 摄）

大学中山研究院94名硕博毕业生，多数决定在粤港澳大湾区竞逐光电光学梦。2022年中山全日制高等教育在校学生比上年增长12.1%，与区域产业高度适配的专业人才，将在这里施展拳脚。

人气聚，人才壮，产业兴。

中山迎来全新机遇：深中通道等跨区域交通项目的落地和推进，将促进人才、资金、创新等要素流动，带来无限可能。

中山拥有全新平台：2022年，广东省委、省政府部署中山建设珠江口东西两岸融合互动发展改革创新实验区。这是全省首个以区域协调发展为主题的改革创新实验区，空间无限。

中山部署全新动作：2023年6月28日，深圳、中山两市首次面向全球联合招商，两市共建珠三角首个跨市经济合作区域，为大湾区产业协同和一体化融合发展探新路。

…………

在高质量发展比拼中，今日之中山产业有底气，创新有锐

建设中的深中通道（叶志文 摄）

气，发展有人气。

敢问中山，路在何方?

踏平坎坷，终成大道；逐光而行，行稳致远!

参考文献:

[1] 王兆琛.中山市工业经济发展存在问题与对策[J].中国经贸导刊，2020(29).

[2] 邝光荣.中山改革开放40年来产业经济发展的演进历程和经验启示[J].中共珠海市委党校珠海市行政学院学报，2020(1).

[3] 励精图治十年路 中山人口绘新篇：党的十八大以来中山人口发展情况简析[EB/OL].(2022-10-27)[2023-07-10].http://stats.zs.gov.cn/gkmlpt/content/2/2177/mmpost_2177275.html#403

[4] 中山组建新“十大舰队”产业集群，跌落第三梯队如何翻盘？[EB/OL].(2023-04-11)[2023-07-10].https://www.21jingji.com/article/20230411/herald/04288797229a35215d0b8c617059654b.html.

# 江门能“侨”出什么名堂？

“侨”是江门最亮眼的名片，是江门最地道的“DNA”。改革开放初期江门较快地发展了起来，经济总量靠前，但由于种种原因没能一直保持优势。弄潮新时代，湾区正澎湃，江门可以“侨”出什么名堂？闯海的激情燃起来了吗？

# 江门，能『侨』出什么名堂？

《狂飙》让江门“狂飙”。

作为2023开年热播剧中“京海市”的主取景地，江门又火了，节假日总是车水马龙、人头攒动。多波次的强力“推送”，也再度拉满了“中国侨都”的显示度。

千百年来，无数江门华侨先民“下南洋”“闯金山”，走向世界各地，书写了感天动地、可歌可泣的中国故事，锤炼了勇闯天涯、念祖爱乡的精神品格。

“侨”是江门最亮眼的名片，是江门最地道的“DNA”。以侨为桥，因侨而立，江门在改革开放初期较快地发展了起来，经济总量在全省一度高居第二，但由于种种原因，这种优势没有一直保持。

“侨”之于中国，之于江门，是赤子精神，是至诚热血，更是发展动能。弄潮新时代，湾区正澎湃，江门可以“侨”出什么名堂？闯海的激情燃起来了吗？

## 怎么“红”的？

在《狂飙》之前，江门已经红过多次。怎么红都离不开一个字——“侨”。

穿过百年长廊，拉开时间之轴，不同的“时光里”，有各色的江门“红”。

江门“红”在颜值。

《让子弹飞》里的台山梅家大院、开平碉楼，《一代宗师》里的冈宁侨圩、赤坎华侨古镇，《误杀2》《除暴》里的长堤历史文化街区……融通中外、古今交汇、风物和美的特色，让江门成为各大影视剧组钟爱的“天然摄影棚”。

开平市自力村是典型的侨村，图为村中碉楼群（杨兴乐 摄）

据不完全统计，近些年已有数十个热门剧组来江门取景拍摄，火爆大片频频“打卡”江门。

江门“红”在名望。

这里是全国少有、广东唯一同时拥有两项世界遗产的城市：“开平碉楼与村落”被列入世界遗产名录，为中国增添了一张国际名片；16万封粤闽籍华侨华人留下的《侨批档案》也被列入世界记忆名录，成为广东首项、中国第八项“世界记忆”遗产。它们都与“侨”密不可分。

近代，大批五邑人到北美等地谋生，银信（侨批）跨越山海，给家人带来富足，给故土带来繁荣。现存1800多座中西合璧的碉楼见证着穿越时空的记忆，令闻者感怀、见者动容。

江门“红”在自强。

这片热土诞生或走出了一批批历史名人，领时代风气之先，至今仍闪耀着独特光芒，润泽侨乡。

“十年饮冰，难凉热血。”维新先驱、祖籍新会的“大师”梁启超，锲而不舍地探索中华民族复兴的道路，以其博大精深的学术成就、炙热沸腾的爱国情怀、百科全书式的如海智慧，为后人留下了宝贵精神财富。

“以中国人之资本，筑中国人之铁路；以中国人之学力，建中国人之工程；以中国人之力量，创中国史之奇功。”修建新宁铁路的旅美华侨领袖陈宜禧，打造了中国民营铁路的“NO.1”，给当地经济、文化带来了巨大的影响。

五邑大学广东侨乡文化研究院院长刘进将江门籍华侨华人定义为侨界的特殊群体。这份特殊，体现在他们拥有穷则思变、开

赤坎华侨古镇是全国规模最大、界面最连续、保存最完整的侨乡骑楼建筑群（赤坎华侨古镇供图）

拓创新，开放交流、兼容并蓄，以及经世务实、家国天下的价值观与精神，这也是当代江门人不懈奋斗的文化根基和力量源泉。

## 为何掉队？

早年，江门“侨牌”在手，资源富集，万事无忧。

五邑先侨们捐资捐物、办学建校、投资兴业，为家乡经济社会发展贡献了“N桶金”。改革开放后，大长江、维达、李锦记、澳新食品等一批侨资企业植根江门，壮大发展。1983年，江门建市时经济总量一度高居全省第二，仅次于广州。然而，这个“高光时刻”后，江门显得有些错失良机，发展不如预期。

尽管培育出江门造纸厂、江门甘蔗化工厂、江门造船厂等一大批知名企业，是公认的“老工业基地”，且与香港人缘相亲，但1984年到1992年期间，江门并没能充分发挥出这些优势，没能很好地承接住香港制造业向内地的转移。

1992年后，全国社会主义市场经济体制改革深入推进，珠三角掀起了引进外资、发展民营经济的高潮。这一时期，江门没有将招商引资、民营经济、专业镇建设放到重要位置，错过难得机遇。

2000年前后，江门重新确立了工业立市、工业强市的发展战略，但囿于产业定位不够清晰、传统产业转型升级较慢，江门工业发展水平与珠三角先进地区的差距进一步拉大。

不进则退。在这个历史进程中，江门被佛山、深圳超越，随后又陆续被东莞、中山、惠州、珠海、茂名等赶超，如今经济实力位居全省中游。

江门怎么了？为什么掉队了？

客观来看，位于珠江西岸的江门，与香港、广州、深圳等不

参加2023华侨华人粤港澳大湾区大会的海内外侨界精英、嘉宾代表（肖雄 王俊涛 摄）

接壤，在吸收核心城市“溢出效应”方面地利不突出；大量的侨汇收入，为江门发展起步提供了重要支持，在某种程度上也滋长了“小富即安”乃至“等靠要”的心态；工业多属于传统密集型产业，以纺织、造纸等为主，缺乏高端产业引擎带动；城市活力不足，人口增速也相对偏低……

江门，不能再“想当年”了，必须更好地“向未来”。

## 新的江门

当今的粤港澳大湾区，生机勃勃、前景光明。广东正纵深推进新阶段大湾区建设，在牵引全面深化改革开放上取得新突破。

这样的机会，江门不能再错过！汇聚侨力量，圆梦大湾区——5月，2023华侨华人粤港澳大湾区大会在江门举行，来自90个国家和地区的约700名海内外侨胞共叙乡情、共谋发展。

路在脚下，江门深知，唯有弘扬新时代“粤侨精神”，“侨”出新名堂，闯出新蓝海——

搭台共舞。

再造一个新广东，势必也要再造一个新珠西、再造一个新江门。

2023年8月16日召开的江门市委十四届五次全会明确提出，江门将坚决以“走在前列”总目标统领全市各项工作，用十年左右的时间奋力实现地区生产总值等主要经济指标翻一番，在推进中国式现代化建设中再造一个现代化新江门，加速迈入地区生产总值万亿城市行列。

作为粤港澳大湾区重要节点城市，江门承东启西，要主动拓展与港澳合作深度广度，紧密对接横琴、前海、南沙三大平台，依托大广海湾经济区，高水平谋划建设国家级平台，奋力打造国内国际双循环重要交汇点。同时，加快推动江门中微子实验室、江门双碳实验室等重大科创平台建设，加快黄茅海跨海通道、深江高铁等重大项目建设，谋划建设深江高铁南延线；跨越珠江口，在银湖湾滨海新区加快规划建设深江经济合作区。

强筋壮骨。

工业强则经济强。在全省新一轮布局的产业集聚区里，江门市大型产业集聚区规划总面积1395平方公里，面积最大、可连片大规模开发，承载力强。此外，全省20个战略性产业集群均有“落子”江门。

位于江门新会的中车广东轨道交通车辆有限公司（姚志豪 摄）

2023年4月21日，广东（江门）硅能源产业基地隆基园区动工，将发展为规格高、技术新、规模大的全新光伏组件制造示范基地；两天后，中创新航江门基地一期项目产品下线，其全球独创的“One-Stop Bettery”系列产品，可续航1000多公里，标志着“江门制造”动力电池正式亮相。

江门制造业当家正跑出加速度：打造新能源、新材料、新一代信息技术、智能装备、生物医药等产业，传统产业、新兴产业、未来产业并举，智能化、绿色化、融合化并进，抓项目、建平台、优环境并推，担当全省新一轮制造业高质量发展主力军主战场。

侨连五洲。

“海内外各有一个江门”——2023年江门常住人口有480多万，遍布全球的华侨华人和港澳台同胞多达530多万人。本地侨资企业有4000多家，累计投资总额超470亿美元。

如何深入推进“侨都赋能”工程，做好新时代“侨”的文章？

江门正着力提升“文化交流、经贸合作、维护权益、侨务智库”四大功能，更好地吸引华侨华人和港澳台同胞到江门投资创业、休闲旅游。携手港澳在广海湾经济区规划建设港澳科教产业滨海新城，谋划建设港邑合作特色产业园，形成国际节能环保产业集聚地；全面加强与澳门特区政府合作，主动对接澳门“1+4”产业适度多元发展战略，加强大健康、高新技术、食品加工等产业合作。

在香港中文大学（深圳）教授郑永年看来，江门应重点增强新生代华侨华人对家乡的了解和认同。“新生代华侨华人拥有高等教育经历、高新技术、先进理念等优势，江门可以为华侨华人在创新创业、服务业、制造业等领域提供优质平台，从而培育更多高附加值产业，凝聚全球华侨华人力量共建大湾区。”

qiao，江门！江通四海，门迎天下，美哉壮哉！

qiao你的了，江门！前途似海，御风以翔，破浪以飏！

参考文献：

[1] 张玉荣,王丽丽,周颖森.奋进江门迈向高质量发展新征程[J].小康,2023(8):40–41.

[2] 老工业城市“出圈”背后，藏着这些发展妙招[EB/OL].(2023–07–02)[2023–07–11].https://mp.weixin.qq.com/s/UI9Xtf9i1gk–1X16orBDnQ.

21城21问

南方日报

阳江如何拥有
“稳稳的幸福”
海陵岛
阳江，中国最具幸福感城市之一，在标兵猛、追兵快的发展比拼中，面对底子不厚、动力不够、后劲不足等问题，这座“刚柔并济”的海滨城市开始“内外兼修”，靠海临港，加快融湾，发展的“强引擎”、干部的“精气神”、企业的“战斗力”被点燃了！阳江，要“稳稳的幸福”，更要持续奋斗。

# 阳江，如何拥有『稳稳的幸福』？

广东阳江很“柔”，有“东方夏威夷”之称的海陵岛，风景如画的闸坡，海风柔情，拭去烦恼。阳江又很“刚”，古有“何传利文武刀”名扬四海，今有“中国刀剪之都”享誉全球。

2022年年底，在中国幸福城市论坛上，阳江荣膺“2022中国最具幸福感城市”。难怪，当地人总把“阳江贵地总无忧”挂在嘴上，将笑意写在脸上。

幸福，是奋斗出来的；要“稳稳的幸福”，更要持续奋斗！

如今，全省上下正以等不起的紧迫感、慢不得的危机感、坐不住的责任感推动高质量发展。产业底子较薄的阳江，在标兵猛、追兵快的发展比拼中，如何跑出更快的速度，赛出更高的质量，拼出更好的生活？

也许，能在阳江繁忙的港口、热闹的工地和奔忙的奋斗者那儿找到答案。

## 底子薄怎么补？

阳江地处粤西，紧靠珠三角核心区，是粤港澳大湾区向西延伸的支点城市，具有承东启西的地缘优势。

海滨城市，景色的美是不在话下；但日子的好，还是得看经济行不行，产业有没有“真材实料”。

观察近年经济数据，自2017年以来，第二产业是阳江经济增长的关键。尤其是在2019至2021年三年，第二产业增加值增长均超10%，而第一、第三产业增加值增速比较平稳，大部分时间低于4%。

透视这“10%”，主要是因为阳江抓住了风电抢装潮，带动了装备制造业，而更早布局的合金材料产业集群又迎来大发展，

海陵岛风光（图源：新华社）

产值从数百亿突破千亿，全产业链成形，成为华南地区重要基础原材料生产基地。

但进入2022年，经济数据似乎没那么漂亮了。阳江政府工作报告等文件直面问题：经济总量不大，新旧动能转换较慢，创新能力薄弱，重大产业项目储备不足，产业接续发展能力有待提升。

简言之，底子不厚、动力不够、后劲不足。根本出路在落实新发展理念、推动高质量发展，这也是阳江市实现现代化的唯一出路。

“刚柔并济”的海滨城市开始“内外兼修”——

向内强基，不断补链、强链。在合金材料产业方面，推动甬金冷轧、广青不锈钢技改、新钢铁120万吨球团等项目投产；装备制造类年度产值预计达40亿元的东方电气整机2023年6月也已

阳江海上风电（关铭荣 摄）

动工，正在力促大金重工、中远海运重工等项目动工；《阳江市高质量建设制造强市实施方案》明确提出要构建产业区域高质量发展布局，为各县区产业发展分工、定调。

向外引资，大招商、招大商。2023年以来，全市上下先后到长三角、珠三角、湖南、福建等地区组织推介会，以商引商、以链引商。2月，阳江东莞招商会成功签约了希培优制氢设备智能制造项目、锌离子电池生产基地项目等41个项目；3月，阳西在佛山顺德召开招商推介会，达成投资合作意向和协议项目共22个，投资总额247.9亿元；4月，阳江市阳东区在苏州举行新能源专场招商推介会，签约8个，预计总投资268亿元……

阳江还在努力寻找更多增长点，培育节能环保、电子信息、激光增材等百亿级战略性新兴产业，夯实经济持续增长的基础和动力。

拼经济，抓项目，谋发展……新一轮发展的冲锋号，为推动阳江高质量发展添足马力、注入活力。

可见，在阳江，忙碌同样是一种幸福。

## 临港融湾，机会来了？

深远谋划，才能幸福长久。

在新时期推动高质量发展，阳江立足做强产业，也着眼更宏阔的未来。广东省委、省政府赋予阳江新的定位：提升沿海经济带战略支点功能，主动拓展大西南和东盟发展腹地，给予了阳江更大的想象空间和更广阔的发展寄望。

靠海临港是阳江的一大优势。

地处南海之滨，阳江拥有长达458.6公里的海岸线。天然港湾和大片海滩，是大自然赠予的优质资源。阳江曾是海上丝绸之

阳江港（梁文栋 摄）

路上重要的转运港，早在宋代便有江浙等地商船往来不断。沉没于阳江附近海域的宋代商船“南海Ⅰ号”，就是最好的见证。近年来临港布局的海上风电、装备制造、合金材料三大千亿级产业，无不体现政府利用海洋带动产业发展的考量。

随着“向海发展、工业立市”往纵深推进，阳江港是重要抓手。但与省内许多港口相比，阳江港并不占优，存在整体规划不足、大型泊位不多、市场腹地开拓不够、外联交通网络欠缺等问题。

建设亿吨级大港，构建现代港口物流网络，阳江能吗？眼前热火朝天的图景给出答案。省市实力企业广东能源集团、阳江交投集团全情投入，深度参与。仅阳江交投集团就有15个在建或即将建设的泊位，规划总吨位超50万吨。阳江市政府“牵手”广州港，优化整合码头资源，升级进港航道，港口工业园区和临港经济带同步蓬勃发展，亿吨级大港建设按下快进键！

加快融湾是阳江的一大机遇。

在粤西沿海城市中，阳江此前与珠三角经济圈的联动并不算强，茂名与湛江又自成一体。其实，阳江处于粤港澳大湾区、北部湾城市群、海南自贸港等国家战略的叠加地带，是大湾区向西延伸的第一城，也是北部湾融入大湾区的先导区，距广州210公里，距香港143海里，距澳门129海里，区位条件优越。

阳江“十四五”规划明确，全面对接融入粤港澳大湾区，推动规划、基础设施、产业体系等全方位对接；支持打造珠三角产业转移的承接地、产业链延伸区和产业集群配套基地，推动珠江口西岸都市圈建设。

截至2023年，阳江建设了4个面积超万亩的省级产业转移工业园、总规划面积超过120平方公里，可为企业落户发展提供充足空间。打造了国家级孵化器、省实验室等一批重大平台，初步构建起“一站式”的创新创业服务体系和生产生活配套体系。用地、用水、用电、用工等综合营商成本处于广东省较低水平。

可见，阳江正处在多重战略机遇叠加的利好时期。虽说此处幸福得“总无忧”，当下，也是乘势而上的好时候！

## 阳江“被点燃”

阳江人的幸福，是拼出来的。在城市发展的脉动中，他们展现出“高浓度”的实干精神与创新精神。正因如此，这好日子过得格外踏实。

远的不说，在改革开放初期，阳江人发现了刀剪商机，便想到以家庭作坊式、“打铁铺”式手工生产起家，既当老板又当工人，既当技术员又当业务员，为阳江拼下了在中国乃至全世界的刀剪地位，成为中国最大的刀剪生产基地、出口基地和全球采购基地。

如今，新一轮发展的冲锋号已经吹响，阳江人积极乐观、果敢顽强的个性更加彰显，敢闯敢拼、勇往直前的激情也被再次激发。只有这样，幸福的因子才会源源不断地润泽这一片土地，更美好的未来才会如期与大家相遇。

发展的“强引擎”被点燃：在2023年2月召开的全市高质量发展推进会上，阳江市多位企业家参加现场会，并作表态发言，244个项目总投资1246亿元，涵盖智能制造、绿色能源、重大基建等多个领域。通过主动融入“双区”和三大平台建设，强化基础设施“硬联通”和规则机制的“软联通”，阳江正以一往无前

阳江市区鸳鸯湖（梁文栋 摄）

之姿在高质量发展赛道上奋力前行。

干部的“精气神”被点燃：党员干部“观念大更新、作风大提升、工作大落实”。实行领导挂点联系招商项目制度，启动“政企直通车”，深化“放管服”改革，推行“一照通行”改革，拓宽商事登记“就近办”“秒批秒取”渠道，推广“一件事一次办”模式，全面实现“只进一扇门，最多跑一次”；实施重大项目并联审批工作机制，全力破解项目建设难点堵点……阳江以眼里揉不进沙子的态度抓营商环境，为企业发展保驾护航。

企业的“战斗力”被点燃：政府抓招商、抓服务、抓项目落地……一系列“组合拳”打出，市场各主体的敢闯、敢拼、敢为之精神被充分激发。21万户市场主体的企业家们正以敏锐的市场意识、国际化的战略眼光担当起探路者、先行者、奋进者角色，推动阳江发展的车轮滚滚向前。

在阳江，幸福总是伴着海风的洒脱，浪潮的热烈，时间的温热。

而稳稳的幸福，总是藏在不歇的步履、不退的勇气、不减的热爱里。

## 参考文献：

[1] 阳江市人民政府2023年政府工作报告[EB/OL].(2023-02-08)[2023-07-12].http://www.yangjiang.gov.cn/gkmlpt/content/0/683/post_683024.html#7.

[2] 阳江市2017-2022年国民经济和社会发展统计公报[EB/OL].(2023-04-03)[2023-07-12].http://www.yangjiang.gov.cn/zwgk/sjfb/tjgb/.

[3] 阳江市人民政府关于印发阳江市制造业高质量发展“十四五”规划的通知[EB/OL].(2022-11-21)[2023-07-12].http://www.yangjiang.gov.cn/gkmlpt/content/0/658/post_658684.html#4.

[4] 立足广东辐射全国走向世界，阳江加快推进国际风电城建设[EB/OL].(2023-03-30)[2023-07-12].https://static.nfapp.southcn.com/content/202303/30/c7509427.html.

[5] 阳江：只争朝夕，建设幸福之都[EB/OL].(2023-03-02)[2023-07-12].https://epaper.southcn.com/nfdaily/html/202303/02/content_10052405.html.

21城21问
南方日报

湛江凭什么
向海“湛”放？
海洋牧场
全国首批对外沿海开放城市，经济实力曾位居全省第二，湛江一直以来承载着更高的期待。广东海洋强省建设按下“加速键”，建设特色型现代海洋强市，湛江又一次踏上赶海征途，与海共舞，向海“湛”放！

# 湛江，凭什么向海『湛』放？

靠山吃山，靠海吃海。湛江，人均海岸线全国居首，风光旖旎、风物富饶。

全国首批对外沿海开放城市，新中国第一座自行设计建造的深水海港，全国第一条跨海铁路……湛江顶着耀眼的光环，也因此承载着更高的期待。

经济实力曾位居广东第二；当年与青岛一时瑜亮，有“北有青岛，南有湛江”一说。今天虽说在地区生产总值上有些“中不溜秋”，也意味着发展潜力巨大，空间无限广阔。

万千气象，来自海上。广东海洋强省建设按下“加速键”，建设特色型现代海洋强市，湛江又一次踏上赶海征途，与海共舞，向海“湛”放！

## 风自海上来

湛江起步较早。新中国成立后，她已集港口、机场、火车于一身，可谓全国少有；高等教育水平省内名列前茅，无论高校数量和大学生在校人数，很长一段时间都仅次于广州。20世纪60年代，湛江已是广东第二经济大市，与青岛比肩，风光无限，1984年又成为首批全国14个沿海开放城市之一。

20世纪80年代，改革春风吹拂沿海地区。当珠三角各市争相吸引外资、全力发展工业时，湛江则主攻水产、水果和畜牧业“两水一牧”，农业虽取得一定成绩，但很难赶上“风口”城市的增长。

此后，“大港口、大工业、大流通、大发展”的战略布局，让湛江找到感觉，但想赶超仍然颇具难度。湛江地理位置较远，难以就近享受到珠三角发展红利；而且，惊动全国的走私大案，也影响了当地生态与发展势头。直到21世纪初期，湛江提出“工业立市”，经济才慢慢“回血”。

时光荏苒，百感交集于往事，而湛江更看重的是来日。

2022年，湛江地区生产总值为3712.41亿元，位居全省第九。随着国家经略南海、开发海洋步伐的加快，海南自贸港、西部陆海新通道、北部湾城市群……国家战略频频落子湛江，此处的未来，尤为可期。

看区位：湛江地处粤桂琼三省（区）交汇，背靠中南、西南腹地，面朝广袤的南海；拥有我国大陆通往东南亚、中东、非洲、欧洲和大洋洲的最短航程，为货物进出口提供了极大便利。

看战略：湛江被推向国家战略联动发展的最前沿，徐闻港的功能效用更显重要。从徐闻港出发，到海口新海港的海上距离仅12海里，海上航行时间1个小时，海南自由贸易港近在眼前。每年有超过1200万人次旅客通过徐闻港进出海南岛。

全球最大的客货滚装码头——徐闻港（肖雄 郭龙碧 张锋锋 摄）

“广东海南相向发展”的故事，正在上演——

在琼州海峡的南北两岸，徐闻港综合交通枢纽中心已成为全球最大的客货滚装码头，海口新海港综合交通枢纽站建成后也将是全国最大港口客滚综合枢纽。广东·海南（徐闻）特别合作区正加快谋划推进，这一合作区以徐闻港为核心、向东西两翼延伸，规划建设总面积约140平方公里，与海南共同组建琼州海峡港口联合体，成为“双向奔赴”的先行区。

湛江的风口来了，自海上而来！

## “芯”向大蓝海

打造海上新广东，条件得天独厚的湛江当仁不让。海洋牧场、蓝色粮仓，人们无不期待着湛江担当。

中国渔业看广东，广东渔业看湛江。2022年，湛江渔业总产量125.5万吨，渔业产值274亿元，产量和产值连续20多年居广东省首位。2023年6月19日召开的全国深远海养殖工作会议召开，湛江作为唯一受邀的地级市作了典型发言，实力可见一斑。

种苗，是粮仓的“芯片”。为解决海洋渔业种源“卡脖子”问题，湛江一路求索。

2011年，国家863计划项目海水养殖种子工程南方基地联合中山大学，选育出了国内认定的第一个南美白对虾抗病新品种“中兴1号”。种虾受制于国外的“卡脖子”难题，迎来历史性突破。

今天，更多湛江智慧与实践，让“中国粮仓”更殷实、“中国饭碗”更坚实：截至2023年已选育出南美白对虾新品种6个，

国家863计划项目海水养殖种子工程南方基地（肖雄 郭龙碧 全景球 许双荣 摄）

占全国审定该品种数量的50%；攻克66种常用的水产品种人工繁育技术，并投入生产应用；已建成水产苗种场480家。2022年，培育水产种苗1622亿尾，供全国沿海水产养殖和出口东南亚国家。

与此配套，无论是平台还是装备，湛江都进行了全面升级：深海养殖网箱突破传统，周长从30米增至100米，单网产量大大增加；“汗水渔业”升级为兼具信息化、智能化、现代化于一身的“智慧渔业”；广东规模最大海上智能养殖平台“海威2号”“上岗”，年产值可达7000万元，广东现代化海洋牧场建设全面提速……

2023年第一季度，湛江农林牧渔业总产值229.72亿元，同比增长4.0%，交出了一份“丰收答卷”。

位于徐闻县西连镇的“海洋牧场”，工人正在收获金鲳鱼（肖雄 张锋锋 摄）

“中国对虾之都”“中国海鲜美食之都”“中国金鲳鱼之都”“中国水产预制菜之都”……每个“国字号”背后，都充分展现着湛江的“芯”意，和向深蓝挺进的决心。

## “湛”放新精彩

因海而兴，向海图强。

湛江的目标，锁定了建设特色型现代海洋强市。强，就要长出筋骨，则必须有优势产业，有龙头企业。

钢铁，让经济势头更加强劲；化工，则让产业发展更上台阶。

宝钢湛江钢铁基地于10年前落地于此，如今100秒产1卷钢，日均产值8000万，每人每年产钢2500吨，让湛江长出了“钢筋铁骨”；随着中科炼化一体化一期项目稳步达产达效，绿色石化产业集群成为湛江首个产值超千亿的产业集群，提振临港产业发展信心；巴斯夫集团也看中了湛江，决定投入100亿欧元的大单，并坚信会迎来丰厚的回报……

如今，宝钢湛江钢铁、中科炼化、巴斯夫三个投资超百亿美元的“巨无霸”齐聚东海岛这一中国大西南金三角经济区的进出口咽喉，让昔日的渔岛“换了人间”，从不产一滴油到世界一流炼化基地、从不产一寸铁到全球先进的超高强钢生产基地……“巨无霸”项目“抱团”，千亿级产业集群正在崛起。

工业虽重，湛江并没有以牺牲碧海蓝天为代价。以东海岛为例，这里已形成了以循环经济龙头企业带动企业间废物交换利用的低碳静脉产业链，资源得到再生利用，对环境更加友好。

这并非简单的取舍命题，而需要在观念上革新，在实践时出新，在探索中再创新。

徐闻港（邓华 摄）

宝钢湛江钢铁基地俯瞰全视图（郎树臣 摄）

比如，养殖业的发展曾带来红树林的破坏。意识到“国宝”的重要性，湛江开动脑筋，进行红树林种养耦合系统模式研发与生态示范探索，如今已选出6个较适种红树、近20个较适养水产，走出了一条红树林营造与水产养殖双赢之路。

湛江像爱护眼睛一样守护着红树林。如今已有红树林6412.53公顷，占全省60.5%，成为我国红树林分布面积最大的地级市。在全球红树林每年约1%的速度递减的今天，湛江却实现逆势增长，被誉为“世界湿地生态恢复的成功范例”。

这，就是今天的湛江故事。

品着城海相伴的独特，听着奔涌向前的潮声，人们见证着湛江的加速崛起，期待着她的精彩“湛”放！

## 参考文献：

[1] 徐闻港，何以成为全球最大的客货滚装码头？[EB/OL].(2023-04-11)[2023-07-13].https://static.nfapp.southcn.com/content/202304/11/c7553762.html.

[2] 广东最能媲美三亚的城市，太湛蓝了！[EB/OL].(2022-03-02)[2023-07-13].https://mp.weixin.qq.com/s/yB0HPXtHPvJVt5trQk9k_w.

[3] 唯一受邀地级市参加这场全国性会议，湛江凭什么？[EB/OL].(2023-06-21)[2023-07-13].https://static.nfapp.southcn.com/content/202306/21/c7814426.html.

[4] 李婷,朱耘.案例｜湛江：向海图强，深耕现代化“海洋牧场”[J].商学院,2023(6):69.

21城21问

南方日报

茂名如何
“二次创业?”
建市60多年，茂名一路从无到有、发展壮大。今天，身处高质量发展新赛道，茂名面临着不亚于当年的挑战。要让石化家底焕新、让城市魅力增值、让产业发展迭代，茂名吹响“二次创业”的号角，将“创”出一条新路。

# 茂名，如何『二次创业』？

茂名，你也许听说过她“中国南方油城”的美誉，却不知她也是“中国十大环境舒适之城”。这个夏天，你可能已经品尝过茂名荔枝的清甜，但别忘了，这里还有龙眼、三华李、香蕉、罗非鱼……

她很“开放”。处于粤港澳大湾区、海南自贸区和北部湾经济区三大国家战略交汇处，茂名港也是国内通往东南亚国际航道最近的港口之一。

她也很“传统”。冼夫人的“好心精神”影响茂名人至今。丰富的文化资源，为她吸引不少粉丝。2023年春节，茂名年例刷屏，引得不少网友“想去茂名”。

建市60多年，茂名一路从无到有、发展壮大，经济总量已连续22年居粤东西北首位，并且连续多年位居全省第7。

今天，身处高质量发展新赛道，茂名也面临着不亚于当年的挑战：经济增长传统动能减弱、人口吸引力不足、农业大而不强……

要突破瓶颈，要“跃”上一个新台阶！茂名吹响“二次创业”的号角，希望“创”出一条新路。

## 稳住基本盘

茂名，依油而建，因油而兴。

新中国成立初期，储量巨大的油页岩被发现，“要从石头里榨出油”，让这座工业新城从荒原上崛起。历经60多年发展，石油化工产业已成为茂名大工业的根脉，也几乎成了她的产业代名词。其间，茂名的石化产业曾历经三次大转型，顺应了国家战略需求和市场需要，也练就了茂名开拓创新的拼劲闯劲。

茂名的发展迄今还保留着初创时的特征——重化工业主导和大国企占据核心地位。2021年，茂名六大主导行业实现工业增加值488.13亿元，这六大行业又以石化行业为绝对主导，占全市规上企业的71.5%。

显然，“二次创业”，坚定不移壮大石油化工等支柱产业是茂名绕不开的基本盘。

如今，第四次产业升级正推动茂名的石化产业积蓄新发展动能。

以“茂名石化”为代表的传统石化行业，正通过技术改造，以减产成品油，增产化工产品，向新能源、新材料等新产业延伸，让“老树发新芽”。茂名也在大手笔引进大型民营工业项目，推动传统化工向绿色化工升级，为产业发展栽下“新树”。

“广东有着中国最好的营商环境，我已经视‘他乡’为故乡！”东华能源（茂名）有限公司董事长王铭祥，将公司总部迁

东华能源（茂名）有限公司（徐昊 摄）

到茂名，为茂名石油化工产业升级投出关键一票。2019年与茂名“牵手”的东华能源项目，是当地建市以来引进最大的民营工业项目。它带来的新技术，将推动茂名的石化产业从“油化工”转向“气化工”。而且，东华能源项目也是茂名打造世界级绿色化工和氢能产业基地的核心项目。

民营企业的到来，不但带来资金和技术，还健全了产业经营体制，为石油化工产业发展激发更强活力。

围绕茂名石化和东华能源等重点龙头项目，茂名着力抓好总部经济和重大项目落户建设，大力推动延链强链补链，江苏德纳项目、广东威联达项目等一批下游产业链项目纷纷落地，让石化产业“由树成林”。

## 重塑吸引力

茂名经济总量常年居全省前七，并进入全国百强城市榜。身

茂名水东湾跨海大桥（李康华 摄）

处粤西的地理区位，有这样的发展成绩，还算说得过去。但，空间总是有的。

从国民收入看，虽然总盘子不小，但人口基数大，茂名人均地区生产总值仅相当于广东省的60.7%，全国的73.7%。一个响当当的石化大市，“人均”为什么没有想象中富？

从城镇化率看，2022年茂名常住人口城镇化率45.84%，离全国的65.22%、全省的74.79%确实有些差距。反映在城区建设上，茂名市建成区在广东排第12位，市区人口仅86.67万，排第11位。

从人口数据看，2022年年末，茂名常住人口623.82万人，户籍人口825.97万人。气候宜人、环境宜居、物产丰富、经济体量也不错的茂名，却长年向市外输出劳动力。

这不免让人产生疑问：茂名的吸引力够吗？

一座城是否能留住本地人，吸引外来人，最直接的因素是就业机会是否足够。茂名也有“威水史”。有人评价广东有两座移民城市，一座是深圳，另一座就是茂名。建市之初，近10万石油人才和建设者，从四面八方来到茂名，其中还包括了港澳地区一批技工和近40名苏联专家，让这座城从无到有、从小到大。那热烈的场面，不亚于改革开放初期，人们从各地涌去深圳淘金。

跨越一个多甲子，茂名城市建设与石化产业发展如影随形。石化一业独大，对其他产业造成一定程度挤出，这让茂名的吸引力显得单一。另一个衍生风险则是城市经济抗冲击能力相对较弱。

在高质量发展新赛道上，茂名加快石化产业转型升级的同时，也着力向新能源、新材料领域扩张。这三大战略性支柱产业，事关茂名能否重铸高速发展的底盘，也关系着产业多元化的

茂名市区（李康华 摄）

前景，以及这座城市能否重塑吸引力。

2022年12月，欣旺达落户建厂，正是茂名产业多元化布局的写照。该项目从事汽车电子印制电路板的研发生产销售，年产值约60亿元，其电白基地将提供约1200个就业岗位。此外，茂名加强汽车制造产业招商，支持抚顺东科集团锂电池电解液溶剂等项目建设，把高新区打造成为全国锂电池电解液溶剂生产基地。

2023年发布的广东新能源汽车产业空间布局图，茂名也被定位为涵盖氢能、燃料电池、燃料电池汽车的综合性产业基地。这盘棋上的“玩家”，还有湛江宝钢、茂石化、东华能源等企业，茂名将联动他们布局氢综合利用产业。

2023年1—6月，茂名全市新引进超千万元招商引资项目120个，协议投资总额437.79亿元，其中，制造业项目占项目总数的60.83%。

一花独放不是春。一个面向未来、产业更多元的茂名，正吸引着更多奋斗者在此安居乐业、自我实现、共绘明天。

## 念好农业经

工业动能转换的同时，农业转型也需蓄力。

作为全省的农业大市，茂名的“二次创业”离不开农业的与时俱进。

很多人不知道，茂名在全省率先实现农业总产值超千亿元，也是全省唯一一个连续三年突破千亿元的地市。农业发展优势源于县域经济领先。高州、化州、信宜三地，不管经济总量还是人口规模，都处全省前列。这是支撑茂名经济连续多年走在粤东西北前列的重要条件。

茂名的农业不但规模大，特色也很明显。她是全国水果第一市，荔枝龙眼产量全国居首，三华李、化橘红、沉香、罗非鱼等，同样闻名遐迩。果香、沉香、鱼香……赋予茂名优异的农产

茂名高州市根子镇柏桥村的一处荔枝种植园里，荔农们忙着采摘（石磊 摄）

资源禀赋，但在专业人士看来，茂名农业虽已积累相当大的体量，仍然存在经营方式传统，市场化、产业化不足等短板，要想方设法延伸拓展产业链，把特色农产品做成富民增收的大产业。

知不足而后进。在广东加快实施“百县千镇万村高质量发展工程”的东风下，茂名继续用工业思维念好农业经，推动农业特色产业高质高效全链发展。近年来，针对荔枝、龙眼、沉香、化橘红、三华李、罗非鱼以及高凉菜等特色产业，茂名重点打造“五棵树一条鱼一桌菜”，推动其从“卖原料”转向“卖产品、卖品牌”，做长做强产业链。

电白，在沉香种植加工销售的规模化建设上下功夫，要让沉香产品成为有基地、有加工、有标准、有鉴定、有研发、有品牌、有销售、有物流的“八有”全国集散中心。

化州，深融生态橘红产业园2023年4月建成投产，项目总投资3亿元，已建成1万平方米的现代农业科技产业园区，直接带动2万多群众就业增收。

…………

一批新措施正在落地，推动小特产走向大产业。2022年“五棵树一条鱼一桌菜”总产值已达422.85亿元，从业人员58.9万人，带动农户每年增收1.2万元。

产业兴旺，带动了百业兴旺，也带来了百姓富足。

茂名“二次创业”创什么？是石化家底再一次焕新，是城市魅力又一波增值，是产业发展新一轮迭代，更是对“有一种精神叫茂名”的用“新”诠释！

## 参考文献：

[1] 2021年城市建设统计年鉴[EB/OL].(2022-10-12)[2023-07-14].https://www.mohurd.gov.cn/gongkai/fdzdgknr/sjfb/tjxx/jstjnj/index.html.

[2] 刘畅.建市以来茂名经济发展的回顾与分析[J].南方论刊,2023(6):34-37.

[3] 刘畅.茂名绿色化工和氢能产业基地建设存在问题与对策建议[J].南方论刊,2023(4):28-30.

[4] 茂名市新型城镇化规划（2022-2035年）专家解读[EB/OL].(2023-05-22)[2023-07-14].http://www.maoming.gov.cn/zwgk/zcjd/zjjd/content/post_1174494.html.

[5] 2022年茂名市国民经济和社会发展统计公报[EB/OL].(2023-04-04)[2023-07-14].http://www.maoming.gov.cn/attachment/0/116/116448/1160455.pdf.

[6] 中国式现代化与新型城镇化[EB/OL].(2023-03-19)[2023-07-14].https://www.gzdaily.cn/amucsite/web/index.html#/detail/1992214.

[7] 《茂名市制造业高质量发展“十四五”规划》解读[EB/OL].(2021-12-31)[2023-07-14].http://www.maoming.gov.cn/zfgb/2021/12/content/post_981386.html.

[8] 茂名借“荔”发力，做好“土特产”文章[EB/OL].(2023-04-23)[2023-07-14].https://static.nfapp.southcn.com/content/202304/23/c7601014.html.

21城21问

南方日报

肇庆
"电"到你了吗?
面对经济规模不大、结构不优、实力不强的挑战，肇庆近年来敏锐地抓住了产业风口，将"砝码"压在了"电"上，打造出了"带电"的新特产——电车和电池。接下来，如何继续为产业"充电"，为城市"续航"？

# 肇庆，『电』到你了吗？

考古肇庆，在900多年前得此名，意为“开始吉庆”。这里山清水秀，文韵深厚，物华天宝。

今日肇庆，地处粤港澳大湾区。夜晚，从太空视角俯瞰环珠江口，灯火璀璨下有着忙碌的劳作、热烈的生活。属于肇庆的城市光芒，越发温暖，也越发闪耀。

奋进在充满光荣与梦想的新征程，肇庆抓住新能源汽车和新型储能产业的风口，努力抢时间、赶进度，不断缩小与“标兵”城市的距离，“电力”越来越足。

如今，除了端砚、裹蒸、肇实，肇庆有了“带电”的新特产——电车和电池。

## “舒适圈”之问

七星岩湖山一体、波光岩影，鼎湖山峰峦竞秀、古木参天；以星湖风景区为中心，沿西江、绥江溯江而上，盘龙峡、“天下第一石”、千层峰、广宁竹海大观、燕岩等景点次第展开，千里旅游走廊令人向往。

好风景、慢时光，就生活体验而言，肇庆是得天独厚的“舒适圈”。

这里有绿色。作为粤港澳大湾区西部生态屏障，肇庆森林面积105万公顷、覆盖率达71%，均为大湾区城市之最。

这里有文化。曾是西江流域政治中心和军事重镇，也是岭南土著文化和广府文化的发祥地、第三批国家历史文化名城，物产丰饶，被誉为“中国砚都”。

这里有空间。土地面积占大湾区总面积近26%，土地开发强度仅6.5%，可释放土地达1700多平方公里。

然而，从高质量发展的要求来看，肇庆必须跳出“舒适圈”。

“戴着珠三角的帽子，穿着粤东西北的裤子。”网友的说法，虽有些犀利，也出于一片苦心：肇庆经济总量低于3000亿元，被形容为珠三角“老九”、大湾区“老幺”，相比大湾区其他城市仍有差距，甚至落后于非珠地区的一些城市。

从内部结构观察，肇庆城乡区域发展不平衡。这里有3个区、4个县、1个县级市和2个功能区，是典型的“半珠半山”“半城半乡”，全市常住人口城镇化率为51%，占全市七成面积、近一半人口的西北板块四县经济总量仅占全市三成。

从时间轴回溯，肇庆过去交通不便利，没能卡住承接先发城市资源溢出的生态位；土地虽多，熟地较少，发展活力没能完全释放；早期城区小，城市人口少，区域规划发展相对滞后；曾错

肇庆城区航拍图（梁亮 摄）

过工业发展机遇，大规模产业集群较少，难以支撑城市能级。

近年来，肇庆发展迅猛，但要从根本上扭转经济规模不大、结构不优、实力不强的局面，仍需要时间攻坚克难，换个角度看，这也意味着大有可为。

必须做强产业，做大经济！肇庆要在追赶发展中提升实力，在协调发展中补齐短板，才能在珠三角核心区和粤港澳大湾区中更好地证明自己。

## “触电”之后

发展的十字路口，肇庆坚定不移“向东看、向东赶”，敏锐地抓住了产业风口，将“砝码”压在了“电”上。绿美肇庆与“绿电”产业，一拍即合。

2016年起，肇庆将新能源汽车产业作为全市“首位产业”来抓。

2017年，造车新势力代表小鹏汽车落户，肇庆实现了新能源汽车整车制造企业“零的突破”。2021年，肇庆引进动力电池销量世界第一的宁德时代，其肇庆基地在第二年投产，成为华南地区最大的锂电池制造基地。

这两大龙头企业产值占到肇庆对应产业产值的半壁江山，也为当地对外招商、补链强链提供了靓丽名片。过去3年，肇庆新能源汽车产业产值相继突破300亿元、400亿元和700亿元大关，新型储能产业已形成储能电池、电池材料、电池装备、电池回收等产业链条。

同时拥有整车制造和动力电池生产基地的城市，在国内是少有的，肇庆因此被视作广深之外的广东新能源汽车“第三极”。

宁德时代肇庆项目航拍图（王振宇 摄）

城市充上了新“电”，产业“燃”起了动能。宁德时代董事长曾毓群由衷点赞：“肇庆不仅速度快，而且质量搞得很好。”

如今，新能源产业正迎来从量变到质变的关键时刻。

放眼中国，从2012年至2022年，中国新能源汽车销量年均复合增速达到87.2%，产销量连续8年居全球首位。2023年7月，中国新能源汽车第2000万辆下线，在产业化、市场化的基础上，迈入规模化、全球化的新阶段。

立足广东，肇庆在新能源汽车和新型储能产业的地位日益凸显，被列入全省新能源汽车等产业集群主体城市、配套城市，还被定位为珠江口西岸储能电池产业集聚区、锂电隔膜生产制造基地。

机遇总是与挑战并存。“两新”产业齐头并进，也处于扩量提质的承压阶段：有龙头但缺骨干，肇庆只有小鹏汽车、宁德时代两大龙头企业，腰部企业也不多；有发展但不够快，小鹏汽车销量仍有空间，宁德时代肇庆基地产能也未完全释放；有规模但缺配套，新能源汽车产业本地配套率不高，汽车生产、组装、设备制造等环节处于初级阶段，缺少科研院所与平台机构的创新支撑。

如果说，“触电”是肇庆的明智选择，那么，“触电”后如何保持电力稳定，就要考验肇庆的眼界、智慧和韧劲了。

## 如何“续航”？

如今在肇庆，几乎人人说起“带电”的大企业，都会马上“来电”。高质量发展和现代化建设，根本要靠实体经济，关键要落在产业上，重中之重要看“主导+特色”产业发展如何。

新能源汽车和新型储能等产业的“电量”够不够、后劲足不

小鹏汽车肇庆生产线（王振宇 摄）

足，将直接影响全局，关系到肇庆能否走得又稳又快。

如何避免“起了个大早、赶了个晚集”？

肇庆聚焦“大产业、大平台、大企业、大项目、大环境”，不断夯基垒台，为产业“充电”，为城市“续航”。

打好持续“充电”的底子。肇庆拥有近百家规上汽车零部件企业，囊括了电池、电机、电控、底盘、中控、照明等关键零部件。除小鹏汽车外，肇庆还拥有国内唯一一家电动车主要组件全部自主研发及生产的高科技企业——玛西尔电动车，以及专注专用车辆研发、制造的宝龙汽车、精益汽车。宁德时代、理士国际、璞泰来则聚焦动力电池和汽车蓄电池生产；合普动力、爱龙威机电、实力连杆生产驱动电机，鸿图科技、鸿特精密、鸿泰科技、动力金属产品涵盖各类汽车电机壳、副车架等铝合金精密压铸件；亚太新材料、东洋铝业专注汽车用新材料，嘉利车灯生产车灯……这是肇庆新能源汽车产业的基石与底座，也是肇庆打造千亿级产业集群的持续动能。

打磨持续“充电”的链条。肇庆主动对接省20个战略产业集群，推动新能源整车、汽车核心零部件、汽车电子、汽车轻量化、充电设施、汽车后市场等六大领域发展，让各种生产要素实现隔墙供应，配套就在“家门口”。在新型储能领域，肇庆被不少企业视为布局大湾区的理想之城，当地正在大力推进广宁浪江、封开谠山、德庆石曹等一批抽水蓄能电站项目，扩大传统储能应用优势。“十四五”时期，肇庆谋划投资1000亿元建设164个绿色能源项目。

打造持续“充电”的平台。全面落实制造业当家“十项行动”，以广东省（肇庆）大型产业集聚区为重要载体，依托肇庆大旺新能源智能汽车产业城和肇庆（高要）汽车零部件产业园等主阵地，聚力打造立足珠三角、面向全国的新能源汽车产业基地。整合上下游产业资源，形成供需“上下游”链条关系，带动配套产业全面发展，加快构建“龙头项目—产业链—产业集群—产业生态”的产业发展格局。

2023年5月25日，肇庆举行新能源汽车产业招商大会，面向全球产业链供应链企业发出诚挚邀请；6月26日，近千名行业领军人物、专家学者齐聚理士国际2023年全球合作伙伴大会，助力肇庆在新型储能赛道上抢先机、赢未来。7月12日，广东省新能源汽车产业计量技术委员会成立并落户肇庆，将服务全省新能源汽车产业技术创新和质量提升。

面对每位前来考察的客商，肇庆高新区招商人员都会指着小鹏汽车、宁德时代附近的空地介绍：“我们已经预留了上百亩平整的土地，欢迎产业项目的到来。”

2023年5月25日，客商们前往肇庆高新区创新创业科学园开展投资环境考察（卢舒曼 摄）

坚定的目标，让奋斗者的期盼更热切，工作更紧迫——2023年，肇庆将奋力晋级广东千亿新能源产业俱乐部；2025年，其新能源汽车产业产值将冲刺2000亿元。

肇庆已经电力满格，在高质量发展赛道上风驰电掣，笃行致远！

参考文献：

[1] 2000万辆！我国新能源汽车何以爆发式增长？[EB/OL].(2023-07-05)[2023-07-17].https://content-static.cctvnews.cctv.com/snow-book/index.html?item_id=10423688785719588877.

[2] 建链补链延链强链，打造广东新能源汽车新高地 肇庆新能源汽车千亿产业集群蓄势待发[N/OL].南方日报,2023-05-25[2023-07-17].https://epaper.southcn.com/nfdaily/html/202305/25/content_10061843.html.

[3] 竞逐储能新赛道！看懂肇庆新型储能产业[EB/OL].(2023-05-17)[2023-07-17].https://mp.weixin.qq.com/s/3CD-6fIVTNbjFnf3I1oPtg.

[4] 迈向千亿！肇庆新能源汽车产业闯新局[N/OL].南方日报,2023-05-25[2023-07-17].https://epaper.southcn.com/nfdaily/html/202305/25/content_10061808.html.

[5] 中国共产党肇庆市第十三次代表大会报告[EB/OL].(2022-01-13)[2023-07-17].http://www.zhaoqing.gov.cn/zqtjj/gkmlpt/content/2/2654/post_2654229.html#4457.

清远还“远”吗？
清远，自古是“三省通衢、北江要塞”，毗邻粤港澳大湾区，清远区位优势突出。交通补短，让清远打通城市“动脉”，工业园的崛起，拉近与邻近城市距离。步入“2000亿俱乐部”，清远作为大湾区腹地，正释放更大发展潜力，瞄准更远更高的目标。


21城21问

南方日报

# 清远，还『远』吗？

有人说，清远有点远。过去集“老、少、边、山”于一体，冬天会与皑皑白雪不期而遇，与大众心中的“广东印象”大相径庭。

还有人说，清远不远。30分钟可达广州白云机场，广清城轨每天80对列车穿梭、20多万人次往返，活跃在广清通勤圈的人越来越多。

其实，远不远，可以是距离问题，也可以是发展问题。

发展快，会缩短人们对距离的感知。

如果轨道通了、交通快了、关联密了、产业壮了，清远的经济好了，人气自然就会旺。

遍地是机会，那样的清远，还会“远”吗？

## 不再“清贫遥远”

35年前，一个名为“清远市”的城市出现在广东的行政版图上，清城、清新、英德、佛冈以及“三连一阳”组成了这个“新家庭”。

清远总面积达1.9万平方公里，是广东陆地面积最大的地级市。翻开广东地图，清远地形南北狭长，南部与广佛肇等珠三角城市接壤，北部则与湖南、广西交界。

这样一个毗邻广佛肇、素有“三省通衢、北江要塞”之称的年轻城市，却在一段时期内被不少人反复提及“清远清远，清贫而遥远”，这是为何？

从地理条件上看，清远辖内“八山一水一分田”，广袤的山地、丘陵孕育出了雄奇险峻的山区景观，其中石灰岩地区又占全市面积四分之一，要发展，确实没有平原地区那样容易。

从地理距离上看，虽然从清远南部去广州市中心，甚至比广州部分地区到市中心还要近，但北部地区离广深等珠三角城市动辄超过200公里，距离确实不近。

建市初期，清远对接广州的道路不多、标准不高，经常堵车，坐班车去广州要两三个小时。同样与一线城市相邻，佛山、东莞经济发展耀眼夺目，而清远似乎“近水楼台没得月”，交通制约是发展受限的重要因素。

因此，当地资源再丰富，酒香也怕巷子深。漂流、温泉、清远鸡、英德红茶、连州菜心……一度“深藏闺中”，市场打不开，人气起不来，产业进不去，优势也就变成了劣势。

正所谓，路通财通。要改变这一落后局面，清远全力推动“交通补短　清远不远”系列部署。现如今，“清贫遥远”的“心结”已然被解开。

过去五年，清远已连续实现每年交通投资超100亿元，交通

地处粤北山区的清远，素有“三省通衢、北江要塞”之称（曾亮超 摄）

广清城轨清城站（曾亮超 摄）

条件得到了根本性改善。

广东高速公路总里程连续多年居全国第一，清远在这期间可谓举足轻重。截至2022年底，清远高速公路总通车里程已达上千公里，排名全省前列。清远还将争取实现有8条高速公路对接广州，有9条高速公路对接粤港澳大湾区，有8条出省通道将通达泛珠三角。

在铁路建设上，清远自2009年底一举跨入“高铁时代”，又在2020年率先在粤东粤西粤北迈入“城际时代”，如今的清远布局南部通地铁、中部通城铁、北部通高铁，连接珠西都市圈、深圳都市圈，全面对接融入“轨道上的大湾区”。

清远立体交通网徐徐展开，“十四五”期间更要实现中心城区至广州中心城区半小时通达的“半小时生活圈”。清远不远，广清同城、广州北、湾区北等概念逐渐被人熟知。

城市的“动脉”，带动了城市的脉动。

## 后花园的新内涵

广清双城曾有着一份特殊的缘分。在清远撤县建市前，与广州曾是“一家人”，清远县以及佛冈均隶属于广州市管理。

后来，清远常被人说是“广州的后花园”。

双城的缘分故事从来没有中断。这里有一场已延续十余载的双向奔赴——2012年3月，“广清一体化”概念首次提出，被称为“广州后花园”的清远，添了新内涵。

从荒地到新城，广清产业园之变，是一体化的生动注脚。

清远长华汽车零部件生产车间里，机械臂不停舞动（曾亮超 摄）

首先是共赢。

2020年，广清产业园工业产值突破百亿元大关。截至2023年7月，累计签约项目280个，计划总投资约985亿元，约80%的项目来自广州。

这是广清双城在产业上的优势互补，也是各取所需。

广州苦于地理空间等制约，清远环境美、空间大，随着“清远不远”，广州正好在此安放产业。对清远而言，更大的价值在于接入广州的产业链。

清远职业技术学院外语与经贸学院副院长、副教授喻立举例，哪怕是汽车产业，广州也很难独自将整个链条做大做强，清远找到自身所长，仔细耕耘，必能有所作为。

其次是口碑。

清远占据了好位置，也需要更多好口碑，以留住资源、留住企业、留住人才。2022年广东省营商环境评价报告中，清远与佛山、东莞、珠海等粤港澳大湾区城市同列第二档。广东省2022年度地级以上市人民政府质量工作考核结果中，清远被评为A级，与广深等珠三角城市同一级别，也是粤北地区唯一获评A级的城市。

第三是速度。

往返快，从广清产业园到广州花都，一小时即达。

开工快，在清远，企业可以“拿地即开工”，实现快速起步。

办事快，清远基本实现政务事项“马上办、就近办、网上办、一次办”，企业开办时间压减至0.5个工作日。

正因为清远“越来越不远”，“广州总部+清远基地”“广州研发+清远制造”“广州孵化+清远产业化”等“亲密无间”的“异地模式”，为两地合作赋予更丰富的形式。欧派华南第一生产基地从2017年投产至今，实现了从0到30亿元产值的突破，2023年第二基地还将再次落子广清产业园。

据不完全统计，约20万至30万人在广清两地生活，广清城际每天有10万人次流动。

他们的奋斗足迹，密密麻麻，遍布广清大地。在熙熙攘攘、忙忙碌碌中，他们适应了两座城市的距离，真的不远。

## “来吧，亲爱的朋友”

2021年，清远地区生产总值达到了2007.45亿元，步入“2000亿俱乐部”，实现历史性跨越。

在广东北部生态发展区五市中，清远表现不错，但若放在全省范围内比较，仍有较大空间。

清远不能满足于做一个产业外溢的输入端。中国城市规划设计研究院原院长李晓江认为，清远发展既要立足粤港澳大湾区、广清一体化，也要培育完整的服务功能、生活功能，保持城市独立性。

随着粤港澳大湾区建设加快推进，作为环粤港澳大湾区第一圈层，清远正释放更大发展潜力，瞄准了更远更高的目标：

打造大湾区优质农产品供应地——这里要成为大湾区的“米袋子”“菜篮子”“果盘子”“茶罐子”，越来越多的“清远味道”将飘香大湾区。

作为农业大市，清远拥有地理标志产品27个，清远鸡、英德红茶、连州菜心、清远丝苗米、西牛麻竹笋5个优势特色农业产

现代轻工纺织服装产业是清远重点承接的产业之一，图为广清纺织服装产业有序转移园生产车间（曾亮超 摄）

业让清远有了迈向农业强市的底气。以广州市天河区林和东路的爱健康“叹鸡”样板店为例，老广们随时走出家门口即可“叹清远鸡”。

打造大湾区产业转移首选地——新材料、现代轻工纺织服装、汽车零部件、生物医药与健康、农产品加工和制造以及文化旅游等产业有序转移按下“快进键”，描绘了清远未来的产业格局。

当前，广清正打造广东省唯一命名为经济特别合作区的区域发展平台——广清经济特别合作区，已引进欧派、金发、富强、立邦等来自广州的优质项目，投资近2000亿元。清远市承接产业有序转移主平台成为省重点支持建设的五个主平台之一，省财政2.4亿元资金强势投入，注入“强心剂”。广清纺织服装产业有序转移园更是锚定打造千亿级产业平台。

打造大湾区旅游目的地——这里是岭南绿都，更有清波流远，是苏东坡笔下的“天开清远峡，地转凝碧湾”。

132个旅游景区（点），43个国家3A级及以上景区，364家民宿，北江文旅产业发展前景也一片光明……清远希望成为更多大湾区游客的“心头好”，期盼他们来“打卡”乡村游、民俗游、休闲和周边游等旅游新业态。近年来，来自大湾区兄弟城市的游客占比超八成。

今天的清远，菜篮子满了、产业园旺了、打卡者多了……

正如那首《清远不远》唱的：清远不远是你的花园／来吧亲爱的朋友／这里可以感受快乐无限／清远不远有你的悠闲／来吧亲爱的朋友／这里可以仰望你的蓝天……

参考文献：

[1] 改革开放四十年清远经济发展的探索与思考[EB/OL]. (2018-07-04)[2023-07-18].http://www.gdqy.gov.cn/xxgk/zzjg/zfjg/qystjj/tjxx/tjfx/content/post_67383.html

[2] 符正平,常路,等.产业集群升级与转型：珠江三角洲地区的实践与启示[M]. 北京:社会科学文献出版社,2016:553-560.

[3] 广清产业园：产业共建主战场 协调发展排头兵[N].南方日报,2023-04-28(特5).

21城21问 南方日报

# 潮州如何亮出真“工夫”？

潮州，曾经的“岭东首邑”，在全国文旅强劲复苏的热潮中享受着高光时刻，也伴随着幸福的烦恼。开门纳客，是对城市的分享；苦练内功，是对“过载”的平衡。城市要发展，产业要振兴，“泡在工夫茶里”的潮州如何亮出真“工夫”？

# 潮州，如何亮出真『工夫』？

潮州城最近的火热，都让人有些忘了她恬淡的底色。

这里“山水洲城桥”一应俱全，是“活着的古城”；这里的茶叶、茶艺、茶器独一无二，是“泡在工夫茶里”的城市。

在全国文旅强劲复苏的热潮中，来自五湖四海的游客接踵而至，高峰期的客流量甚至超过当地常住人口数，一下子“反客为主”了。

人气带来“C位”的幸福，而人气超高也可能会伴随一些幸福的烦恼。

游人如织，“网红”潮州能否承载？要财丁两旺，有哪些门道？最关键的是，城市要发展，产业要振兴，潮州如何亮出真“工夫”？

## “岭东首邑”你还好吗？

潮州山水皆姓韩。

韩山、韩江、韩师、韩祠……韩愈治潮八个月，却影响了一座城千年。彼时他被贬为潮州刺史后，治鳄患、废奴隶、兴乡学、开民智，桩桩件件都被老百姓记在心头。

因为他的到来，潮州结束了蛮夷之地的历史，逐渐成为岭东地区政治、经济、文化中心，至北宋时已有“海滨邹鲁”“岭海名邦”之誉。至清乾隆年间，潮州府辖海阳、潮阳、揭阳、饶平、普宁、惠来、澄海、大埔、丰顺九县，有“一府管九县”的高光。

当时的岭东地区以潮州府为中心，潮州府以海阳县（今潮州市潮安区、湘桥区）为中心，商贾发达，文化鼎盛，潮州因此荣膺“岭南名邦”“岭东首邑”美誉。

斗转星移。千百年后的今天，潮州还是那个潮州，保持着古朴典雅；她又是不一样的潮州，散发着时代气息。

人们对“名邦首邑”在粤东各市发展坐标中的位置是关注的。2022年，潮州1312.98亿元地区生产总值成绩单，尚未达期望。人们又寄希望于“蹿红”带来更多的利好，甚至是质的提升。

一束“高光”打来，确实让更多人看到古城之美，但，也感受到了她的柔弱：2023年春节假期，潮州接待游客数量达285.3万人次，同比上涨44.1%，然而，酒店涨价、古城堵车，服务短板暴露无遗；当地旅游消费商业模式较单一，旺丁不旺财，按多年来旅游收入与游客数量比例来看，旅潮游客人均消费仅为数百元……

更本质的，还得看城市经济的命脉——产业。然而，因行业转型升级速度较慢，陶瓷、服装等板块发展势头疲软，引以为傲的八大传统支柱产业动力不足；新材料、智能卫浴、生物医药等新兴产业处于发展上升期，支撑力还不够强劲。

潮州城区（林文强 摄）

“首邑”昨日的辉煌，无法等同于今天的成功。也许，这正是潮州自我证明的好时候。

## 潮州就是潮州

潮州美得精细。

“中国工艺美术之都”“中国民间工艺传承之都”“世界工夫茶文化之乡”，林林总总的美誉背后，有着许多精于工、匠于心的潮人故事。

凤凰单丛茶、手拉朱泥壶、潮绣、潮州珠绣等潮州非遗项目，虽然“费工夫”，也是潮州人的“靓工夫”，无处不透着潮州人的“绣花”功夫、极致追求、至诚之意。

所以做“网红”享受刹那光辉，不如做好自己来得永恒持久。

比如，传承需要久久为功。为延续千年古城文脉，潮州以“修旧如旧”为出发点、以保育活化为落脚点，精细勾勒复原古城肌理。如今，黄尚书府等139处文物点、31处文保单位、99条街巷在悉心修缮中重新焕发光彩，古城区人居环境也得到有效改善。

又比如，业态需要不断丰富。为赋予传统建筑新功能，潮州深化街区老工艺“微改造”，下足“绣花”功夫。古城内的传统建筑变身新景点，62个非遗展览馆、10个大师工作室、28家“博物馆之城”系列馆、30家茶馆茶舍，吸引旅客点赞、打卡、发朋友圈。

古城活了，也解锁了潮州文旅消费的“流量密码”。2023年第一季度，潮州全市旅游相关行业税收收入1765.87万元，同比增

潮州古城牌坊街（肖燕菁 摄）

长50.6%，更多人“愿意花”“有地方花”“舍得花”了。

还比如，游客需要精心服务。为提升粉丝们的“打卡”体验，潮州一手抓旅游市场秩序与服务升级，一手抓旅游线路品质提升。“五一”假期前，多部门联合执法整治文旅市场环境，让旅客们“放心游”；一批新发布的乡村美食线路，将更多人流引进更广阔的乡村田野，给古城“减压”，给体验“加分”。

大家讨论着“网红”潮州如何变成“长红”潮州，其实，潮州就是潮州。

很多潮州哲学都在茶里。就像一位工夫茶艺传承人所说的，泡茶讲究“和、静、精、乐”，“关公巡城”是分享，“韩信点兵”在平衡。

开门纳客，是对城市的分享；苦练内功，是对“过载”的平衡。

## “工夫潮州”何以行天下

潮州人爱茶。

一泡单丛，是他们每日的养分。

2023年4月7日下午，中法两国元首在广州松园茶叙时，凤凰单丛成了元首之选，也让更多人慕名而来，采茶品茶。

潮州作为凤凰单丛茶的原产地，千年来，一直在传承工夫茶文化。这道工夫，对茶的讲究不在话下。

潮州工夫茶（黄敏璇 摄）

但独特的沏泡技艺，还要结合精良的茶具器皿，才能在一会儿“工夫”后，更见“功夫”。

陶瓷产业因此成为潮州的特色产业。

有好茶的地方，一般都会出好瓷。茶叶、茶具、茶艺三位一体，更是潮州区别于其他产茶区的优势所在。自古便盛产陶瓷，产业基础良好的潮州已是全国陶瓷产值和出口量第一的陶瓷产区，并于2004年荣获“中国瓷都”的称号。随后，与陶瓷生产相配套的瓷泥、化工颜料、花纸、包装、运输等行业已具备规模，产业链不断形成。

2004年至2014年，潮州陶瓷工业总产值从129亿元增至508亿元，10年总产值增加近“4个百亿”。

但从2015年至2021年，潮州陶瓷工业总产值从560亿元仅增加至约561.6亿元，6年增加不到2亿元，脚步突然慢了下来。

一身“功夫”的潮州，何以再行天下，重振千年古邑荣光？当地意识到，“薄利多销”“单打独斗”的时代已经过去了。这份千年家产不仅要“活”在传承里，更要“跃”进新业态中。

2023中国（潮州）国际陶瓷博览会现场，潮州市值最高的上市公司三环集团展厅里的光纤陶瓷插芯、半导体陶瓷封装基座、智能手机与可穿戴设备用陶瓷件等“先进陶瓷”产品受到广泛关注。

近年，三环集团牵头成立广东省先进陶瓷材料创新中心，探索陶瓷材料在电子信息、新能源等领域的应用，让古老的陶瓷散发出新魅力。不少本地陶瓷企业也通过与三环的合作，走上了“智造”之路。

先进陶瓷，是潮州对传统行业的“固本强元”。就新兴产业

三环集团研发室（三环集团供图）

而言，当地也在培育“扛鼎之力”。

瞄准大健康领域，2022年9月，凯普医学科学园正式开工，计划打造大健康产业园，助力潮州发展生物医药与健康产业集群；锁定清洁能源项目，华瀛LNG接收站项目一期工程预计2023年底将投产运营，项目整体建成后将成为广东最大的天然气储备和供应基地，为培育清洁能源产业集群打下基础。

…………

园区也好、基地也罢，你仍然随处可见工夫茶。

在这座“泡在工夫茶里”的城市，这边是机器轰鸣，那边是茶香氤氲，古典与现代、传统与创新交织交融，真工夫在茶中，更多的功夫在诗外。

此刻，煮一壶“岁月”，一壶三杯。一杯咏过往，一杯敬当下，一杯致未来。

## 参考文献：

[1] 不好意思，只有它配称“潮汕老大哥”[EB/OL].(2021-12-14)[2023-07-19].https://mp.weixin.qq.com/s/Ca_94uQ6akRtEr4OKYH16Q.

[2] 潮州文化缘何强势“出圈”？[EB/OL].(2023-04-13)[2023-07-19].https://epaper.southcn.com/nfdaily/html/202304/13/content_10057323.html.

[3] 潮州：以古闻名以新出彩 高质量发展有一套[EB/OL].(2023-07-09)[2023-07-19].http://news.ycwb.com/2023-07/09/content_52063000.html.

[4] 古城旅游的获与惑[EB/OL].(2023-02-09)[2023-07-19].https://epaper.southcn.com/nfdaily/html/202302/09/content_10050019.html.

[5] 从加快发展转向品质建设，潮州文旅如何“长红”？[EB/OL].(2023-05-18)[2023-07-19].https://static.nfapp.southcn.com/content/202305/18/c7694108.html.

[6] “中国瓷都·潮州”如何诞生？| 中国瓷·世界潮[EB/OL].(2023-05-14)[2023-07-19].https://static.nfapp.southcn.com/content/202305/14/c7680606.html.

[7] “中国瓷都”探路先进制瓷，潮州聚力打造千亿级产业集群[EB/OL].(2023-05-22)[2023-07-19].https://www.21jingji.com/article/20230522/herald/c448a55563f820907c456c25cd088302.html.

[8] 潮州：一座“活着的古城”[EB/OL].(2022-09-24)[2023-07-19].https://mp.weixin.qq.com/s/FBBVMfMdiI2hn6H38qN5Dg.

21城21问
南方日报
揭阳，小城如何干好大事
揭阳，近年来靠着电商产业异军突起，在城市竞争中崭露头角。但部分产业小、散、弱，自主创新能力不强，也是隐忧所在。推进传统产业数字化转型、打造新的战略级支柱产业……旧业仍盛、新业初成，这座粤东小城默默干着大事，正不慌不忙、勇敢坚定地变强。

# 揭阳，小城如何干好大事？

在搜索引擎输入：揭阳是座小城吗？

头几条结果，都给予了肯定的答案：陆地面积5240平方公里，常住人口超过557万人，块头不大不小，但她“内敛”。有时，明明是汕潮揭“三个人的电影”，但她不时“被忽略”。建市三十多年，似乎很年轻，实则是当今潮汕地区最早的建制县，一个被唤了2200多年的粤东古邑。

近年，揭阳靠着电商产业这匹“黑马”，在城市竞争中崭露头角，成就了“淘宝镇连续3年问鼎全省”的佳绩，“北义乌、南揭阳”呼声渐起。

但光靠电商，不足以支撑揭阳的高质量发展，隐忧还是有的。改革开放40多年来，揭阳在纺织、五金、玉器、能源等领域集聚了七大支柱传统产业优势，但部分产业小、散、弱，自主创新能力不强。除了让传统产业焕新，揭阳又瞄准了新的增长点：打造绿色石化和海上风电两大万亿级战略性支柱产业集群。2023年第一季度，揭阳地区生产总值增长6.5%，增速位列全省第二位。

小城默默干着大事，正不慌不忙、勇敢坚定地变强。

## 电商遭遇成长烦恼

生存发展，城之大事。

在众多“谋生”产业中，电商产业在揭阳异军突起，并踏着“农村包围城市”之路，一路开挂。

十多年前，10余名军埔村青年返乡创业，按下了电商业的“启动键”。十多年后，全市已有各类电商经营主体20多万家，从业人员超过百万，在揭阳经济发展中突起异军。

2022年，揭阳电商网络销售额达到409亿元。全市拥有中国淘宝镇38个，在广东排名第一；中国淘宝村181个，全省排名第三；形成5个较成规模的电商商务区，入选第二批国家“电子商务示范城市”。

2023年，广东各地市纷纷亮招比拼高质量发展，电商仍是揭阳经济发展战队中的“黑马”。从被称为电商“晴雨表”的快递业就可见一斑。2023年第一季度，当地快递行业收入增速达42.65%，位列全国第二，跑着开局。

从一条街，到一个村，再到一座城，电商为县域经济注入新活力，但也面临新产业共有的成长烦恼：市场机制有待进一步健全、物流系统仍需进一步完善、专业人才较匮乏、缺少品牌化运营。

比如，揭阳电商产业主要分布在县域，以传统家庭经营为主，产品品质不均衡，制约了生产的规模化、标准化，不利于品

揭阳城区（陈憧炜 摄）

随着揭阳电商产业的辐射发展，中国·普宁国际服装城等地汇聚了大量电商专业户（罗凯瀚 摄）

牌化；电商产业发达，需要强有力的物流配送支撑，而村镇一级的物流网点分布散、距离远，从业者寄取快递不方便；食品电商领域需要冷链产业支持，但当地冷库规模不大、冷链物流覆盖率低、农产品链运输能力弱，也限制了长远发展。其中，农村电商快递物流支撑短板是最大痛点。谁能下好这手棋，谁就有可能在新一轮县域经济竞争中拔得头筹。

如何让"产业黑马"跑得更快、更稳？

揭阳精准"落子"——

首先，促进"触电上网"。通过"互联网+农业"，将"一村一品、一镇一品"的特色农业搬到网上，以品牌化推动农村农产品外销；其次，健全快递服务体系。推动邮政、顺丰、京东等知名快递企业设立分拨中心、营业网点、农村网点，做到"村村有网点，村村有快件"；第三，着力培育产业规模不断壮大，形成更强的集聚优势，发挥越来越强的规模效应。

互联网催生销路，快递网加速覆盖，数字经济为产业发展提速。2023年第一季度，揭阳电商网络零售额100.3亿元，同比增长18.8%。

路遥知马力。如今，揭阳正挖掘农村电商发展潜力，让更多人享受发展成果，县域振兴之路也将越走越宽阔。

## 旧业仍盛，新业初成

电商崛起，源自“揭货”家底相对厚实。这背后，是改革开放40多年来，揭阳在传统产业集聚的七大支柱产业优势。

中国五金基地市、中国玉都、中国纺织产业基地市、中国塑料时尚鞋之都、中国中药名城、中国能源工业大县……一连串金字招牌，反映了这座城深厚的制造业家底。

以纺织服装业为例，超千亿、超6000家、超30万，这“三超”是对该产业产值、企业数量、就业群体庞大体量的精准描述。再看不锈钢产业，2000多个品种，5000家五金不锈钢生产企业，占有全国近三分之一的市场份额。

不过，今时不同往日，在高强度的市场竞争中，传统产业特别是其中的中小微企业普遍有三难：难在创新、难在集成、难在突破。

虽说，人到半山路更陡，但山高自有客行路。长期研究揭阳经济的广东省委党校原副校长、教授陈鸿宇认为，传统产业与电商融合，是揭阳创新发展的必由之路。要抓住数字经济发展的契机，以电商为突破口，拉动五金、纺织服装、大石化原材料等产业发力，促进传统产业创新升级。

电商之于传统产业，带来的是生产模式、流动模式、消费模式的变革。揭阳力图厚植竞争优势，力求错位发展。

数字化助力提质升级——《揭阳市制造业数字化转型工作方案》正式出台，旨在为现代轻工纺织产业集群、智能家电产业集群等赋能，推进重点产业集群进行数字化转型。投资2亿元的海兴智能全流程5G数智工厂、揭阳市聚鲶工业的智能化“无人车间”，由此生根发芽。

新业态释放发展潜力——2022年2月，揭阳获批设立国家跨境电商综试区，随后《跨境电商综试区建设三年行动计划》出台，提出用3年完善跨境电商产业链。截至2022年底，全市已注册跨境电商企业18家，实现跨境电商贸易额2.2亿。

但若好好盘盘“揭货”，远不止于传统产业与电商。新兴战略级支柱产业脊梁正在挺起：围绕绿色石化和海上风电，揭阳正着力打造两大万亿级产业集群。中石油广东石化项目、吉林石化ABS进入试产，巨正源新材料、纳塔碳纤维等一大批产业项目加

大南海石化工业区（高云龙 摄）

快建设，惠来临港产业园的产业图谱则规划了海上风电、海工装备、食品加工、新能源+储能+氢能、海洋牧场5条产业链条，已入驻企业24家、总投资1450亿元。

…………

旧业仍盛，新业初成，未来可期。

## “家己人”合力拼

小城受空间制约，要谋求更大发展，往往得向外看。

单枪匹马，弗如抱团并进。近十多年来，都市圈和城市群已成为我国新的区域增长极。

揭阳与汕头、潮州本是“家己人”，汕潮揭都市圈产业协同并进、资源优势互补、产业错位发展、设施共享和市场共建，能画出更大的“同心圆”。

激活都市圈发展动能，产业与交通须并重，揭阳在这两方面都有良好的底子。

揭阳经济体量超2200亿，已成为潮汕地区除汕头之外的另一个产业大市。其在都市圈中的角色，《广东省都市圈国土空间规划协调指引》中也已明确——依托汕潮揭临港空铁经济合作区建设契机，推动揭阳滨海新区粤东新城及大南海石化工业区、揭阳高新区等市级产业平台建设……这些定位契合了揭阳产业升级和发展的步调，将使其更好地发挥制造业优势。

顺水好行船，平路好走马，原先地处“省尾国角”的交通末梢，如今已跃升为交通枢纽。放眼2023年，交通大动脉持续畅通：揭阳将打造兼具空铁港综合交通枢纽，继续提升揭阳潮汕国际机场枢纽功能，加快建设揭惠铁路和粤东城际铁路（揭阳

揭阳潮汕国际机场（郑森 摄）

段），助力三市“一小时交通圈”加速实现，在对接粤港澳大湾区发展中发挥更积极作用……

便捷的交通支撑都市圈内外商贸物流加速流转。

仍以电商产业为例，交通便捷，快递物流业跟随电商产业快速增长，中国邮政、顺丰等10大快递分拨中心落户于此，揭阳成为更多电商从业人员借梯登高的选择，进而促进产业集聚。

普宁国际服装城就是一个明证。此处是粤东地区唯一的国家外贸转型升级基地（内衣），许多电商从业者慕名而至，包括来自汕头的蔡坚伟。从事内衣行业7年，他看中普宁为内衣产业打造的完整生态系统。

2023年7月1日，揭阳—深圳高铁货运（快递）专列首发，2小时3分后，这批快递在深圳北站卸车交付。“快递上高铁”，交通提速助力产业发展提速。

“都市圈”“空铁港综合交通枢纽”……特色产业不断聚集，路网不断织就，形成了更大的揭阳“磁场”，让更多追梦人在此实现自我、创业增收。

爬坡、行稳、致远，在奋进追赶中不断实现新跨越。

揭阳，正在彰显着城市大志，展现着城市大为！

## 参考文献：

[1]揭阳市政府工作报告全文来了！[EB/OL].(2023-02-27)[2023-07-20].http://www.jieyang.gov.cn/zwgk/zwwgk/jcgk/jchgk/content/post_746088.html?eqid=becf655d000dc45c000000066446a131.

[2]军埔电商发力提质增效，专家点评：军埔模式还有旺盛生命力[EB/OL].(2023-05-09)[2023-07-20].https://6nis.ycwb.com/app/template/displayTemplate/news/newsDetail/110069/51936187.html?isView=true.

[3]电子商务成为我市经济发展新引擎[EB/OL].(2022-10-14)[2023-07-20].http://www.jieyang.gov.cn/zzzq/jyxw/content/post_712436.html.

[4]林秋吟,杨博涵,陈海东.农村电商发展出路探析：以广东省揭阳市为例[J].办公自动化, 2023, 28(3):26-28.

[5]高艳玲,李婉莹,林子萱.揭阳市不锈钢产业集群发展现状与对策研究[J].中小企业管理与科技, 2022(18):141-143.

[6]谢光辉.20多万家揭阳电商如何玩转“宅经济”[J].中国商人,2023(6):134-135.

21城21问

南方日报

云浮
靠什么"而立"？
云浮是广东最年轻的"90后"地级市，"财富"尚在积累期，"人气"也在"成长期"。明年云浮将迎来设市30周年，高质量发展这门课，对即将"而立"的她格外重要。这直接关系到在"高手如云"的广东，她能否有一席之地，能否赢得一份对奋斗青春的礼赞。

# 云浮，靠什么『而立』？

云浮年轻。她在广东21个地级以上市中排老幺，2024年将迎来设市30周年。

作为“90后”，她的“财富”尚在积累期，地区生产总值刚过千亿；“人气”也在“成长期”，2023年年初才通过举办广东本年度首个马拉松赛事，攒了一波五湖四海的“新粉”。

如今，除了石都、硫都、禅都等“宝藏名片”，更多“云浮特产”在“被看见”——园区经济、镇域经济、资源经济“三箭齐发”，小特产正升级为大产业，镇域经济短板在变成潜力板，矿山也正成为“金山”……

高质量发展这门课，对即将“而立”的云浮格外重要。这直接关系到在“高手如云”的广东，云浮能否有一席之地，能否赢得一份对奋斗青春的礼赞。

志之所趋，无远弗届。这会是一个“青出于蓝”的故事吗？

## 青春意味着什么？

青春云浮，古韵悠然。

她是岭南祖地。郁南发现的磨刀山遗址，把广东的人类活动史从“马坝人”时代（距今约13万年前）提前至“北京人”时代（距今约60万至70万年前），历史的罗盘，指向了岭南文化已知最早的根脉。

她是六祖故里。1300多年前，一位目不识丁的年轻樵夫从新州（今云浮新兴）出发，北上求法，当他叶落归根时，已是德高望重的禅宗六祖惠能。云浮国恩寺山门外，刻着惠能大师名满天下的佛偈。禅文化深植于这片土地，福泽世代。

她是中国石都。让当地名噪全国的石材业可追溯至明清时期，这里的石匠开山凿石，制作石人、石马、石门脚、石碑等，出产的名为“云石”的大理石，黑白相间，条纹清晰，似河川山溪、似浮云轻雾，世所闻名，兴盛至今。

透过年月，禅文化的平和包容、石文化的坚韧进取，调出了云浮的独特气质。

且看今朝，最年轻的客观现实，不平衡的发展现状，道出了云浮的紧迫课题。

云浮地区曾先后属高要专区、江门专区、肇庆专区管辖，1994年4月设立地级市，但直到2020年才成为广东最后一个地区生产总值破千亿的城市。

广东城乡区域发展不平衡，在云浮可见一斑。从全省视角

图为云浮市区的蟠龙天湖（南方日报资料图）

看，云浮年轻、底子较薄、欠账较多；从全市视角看，当地5个县（市、区）人均地区生产总值最高7.2万元、最低3.3万元，63个镇（街）地区生产总值最高50亿元、最低不到2亿元。

2023年5月30日，新一线城市研究所发布《城市商业魅力排行榜》，从商业资源集聚度、城市枢纽性、城市人活跃度、生活方式多样性、未来可塑性五大一级维度出发，评估了全国337座地级及以上城市，将云浮定义为五线城市。人们也会不时“心疼”云浮的存在感，盼着她拥有更多机会“被看见”。

好在云浮年轻，蓬勃着生机，充满着可能。

300万人共同书写的青春，意味着进取、意味着上升、意味着希望。

## 老路→新路

这些年，云浮一直在努力追赶。

然而，囿于区位条件、资源要素、产业基础等因素，云浮经济社会要取得较大发展，并非朝夕之功。

在相当一段时间内，云浮享受着资源型城市的富足与利好，另一面，也容易让自身缺乏危机意识。

摊开地图，云开大山、云雾山、天露山三山拱卫，云浮山地丘陵占比超过九成。矿产资源眷顾这片山区，已探明有金、银、铜、铁、大理岩、花岗岩、石灰石、硫铁矿等50多个品种，矿产地100多处。

这碗“石头饭”“好吃管饱”。20世纪80年代，云浮放开了云石等矿产资源的开采、加工、销售许可，引进国外先进设备，开创了中国现代石材工业的先河。数以万计的“淘金者”涌入此

图为云浮的硫铁矿山（南方日报资料图）

地，石材企业遍地开花，324国道上的“百里石材走廊”蔚为壮观、名声远扬。

现今，云浮已成为中国三大石材产业基地之一，相关市场主体超6000户，从业人员近20万。

云浮还是“东方硫都”，拥有探明储量居世界第二、亚洲第一的高品位硫铁矿，几十年来，硫化工一直坐稳支柱产业地位。

然而，资源型城市会遇到的产业单一、市场波动、环境保护甚至是资源枯竭的压力，云浮也遇到了。

拥有资源，更要拥有驾驭资源的本事。“老路”行不通，云浮正探索一条新路子——

展现新“石”力：锚定“园区化”，建设国际石材产业城形成差异化竞争优势；锚定“数字化”，深度激发科技创新活力；锚定“品牌化”，持续擦亮“云浮石材”特色名片和“中国石都”金字招牌，培育优秀石材工艺人，传承石材文化；锚定“集群化”，聚焦建链、补链、强链；锚定“绿色化”，大力推动产业转型升级，打造绿色品牌。

做好“矿文章”：走开大矿、“净矿”出让之路，做强做优矿产资源经济，实行公平竞争，鼓励有实力的企业参与开发，支持龙头矿山企业加快建设2个投资超百亿元的绿色矿山产业园，充分发挥老牌“云字号”标杆企业的示范引领作用，全力探索具有云浮特色的矿产资源高质量发展路径。

2022年以来，云浮成功出让云安观音山、郁南冲旺岭、云安牛栏坑等3个年生产规模超1000万吨的大型矿山，收益共计171.5亿元，夯实了发展根基。环境的改善，人们也看在眼里。“黄龙”成了“绿龙”，矿山也成了“金山”。

2022年，云浮有13项指标增速排进全省前8位，实现了上缴中央和省财政120亿元、全市地方财政收入突破100亿元“两个百亿”目标，创建市以来最好成绩。

2月12日，2023年广东首个马拉松在云浮大金山开跑（姚志豪 摄）

## 而立志更笃

2024年，是云浮的而立之年。而立，意味着要更坚实地立业、更稳固地立身。

回顾走过的历程，依靠单一的发展模式，没有给云浮带来立业的安全感和抗风险能力；面对经济体量小、财力弱，区域内发展不平衡不充分，民生短板欠账多，人才缺乏，干部思想不够解放等“五大问题”，在广东立身，云浮的挑战也不小。

云浮，靠什么而立？

靠志气。

宝剑锋从磨砺出。30多年前，在苦旱的“三罗”大地上，云浮人肩挑背扛、一锹一镐，硬是架起了一条5200米的“人工天河”——长岗坡渡槽。这条“广东红旗渠”一改当地十年九旱、地瘠民贫的面貌，造就了著名的稻米之乡，激励着后人奋勇前进。朴素而坚韧、务实而进取的精神已经植入云浮基因。

图为云浮罗定的长岗坡渡槽（张迪 张梓望 摄）

坐落在云浮的中国中医科学院中药资源中心药用资源种质库（刘烁 摄）

小块头也要有大作为。在广东锚定“走在前列”总目标的新征程中，云浮需进一步勃发青春气象，拿出“初生牛犊不怕虎”的闯劲，保持“不破楼兰终不还”的韧劲，创先争优，苦干实干。

靠实力。

发展才是硬道理。“再造一个新广东”的号令、“百千万工程”的实施，为欠发达地区吹来了新东风。论地区生产总值体量，云浮排在队尾，若论发展速度，云浮理应争先。激发动能、做大蛋糕、做优质量，是重中之重。

对准“一产大而不强、二产弱、三产虚”的结构性矛盾，云浮聚焦园区经济、镇域经济、资源经济“三箭齐发”：突出扩容提质增效，促进“十大园区经济”转型升级，到2026年要相继建成金属智造、绿色建材、现代农业“三个千亿级产业集群”，培育生物医药、文旅等一批“百亿级主导产业”；突出“放权赋能强镇”激活发展动力，用好“点状供地”等政策利好，大力推动中心镇带动卫星镇发展，不断开辟镇域经济主战场；突出激活资源禀赋，一体推进绿色矿山、清洁能源、林下经济、土地资源和水资源等“五大资源经济”发展，加快配套绿色建材产业链，铸就新增长极。

靠融湾。

千山万重向大海。“向东、向东、再向东”，云浮全面实施“东融湾区”策略，积极谋划打造大湾区优质资源“供给地”、产业转移“首选地”、溢出功能“承接地”、科技成果“孵化地”、文化旅游“休闲地”，将更多优质企业“引进来”、更多湾区功能“接过来”、更多创新平台“建起来”、更多外地旅客“留下来”，加速实现与湾区城市的交通、产业、生态、民生和社会治理一体化发展。

靠人心。

人才兴则城市兴。人才来不来，除了看产业，还看环境。云浮正厚植绿美底色，增强城市引力，推动“学业有成、就业有门、创业有路”，同时加大投入，着力补上教育、医疗等方面短板，让民生有温度、幸福有厚度。

而立之年将至，云浮准备好了——扬青春之帆，踏时代之浪，立青云之志，赴未来之约！

## 参考资料

[1] 云浮市委常委会召开（扩大）会议传达学习贯彻省委十三届三次全会精神 锚定“走在前列”总目标 坚决扛起中国式现代化广东实践的云浮担当[EB/OL].(2023-06-21)[2023-07-21].https://static.nfapp.southcn.com/content/202306/26/c7830357.html.

[2] 南方观察|矿山“披绿成金”，云浮是如何做到的？[EB/OL].(2023-03-29)[2023-07-21].https://static.nfapp.southcn.com/content/202303/29/c7508272.html.

[3] 长岗坡纪念馆开馆！精神代代传，“南粤红旗渠”领罗定人民再出发[EB/OL].(2018-10-31)[2023-07-21].https://static.nfapp.southcn.com/content/201810/31/c1618640.html.

[4] 破解城乡区域发展不平衡，云浮如何“反弹琵琶”？|政观广东[EB/OL].(2022-11-30)[2023-07-21].https://mp.weixin.qq.com/s/ok_UDiRDNr_9GIZgUDsoqA.

[5]【印象云浮】何为云浮？[EB/OL].(2023-03-13)[2023-07-21].https://mp.weixin.qq.com/s/TIVUnLXo6F75syvlt-HLng.